LA
PHOTOGRAPHIE
DU
MOUVEMENT

Les méthodes chronophotographiques sur plaques
fixes et pellicules mobiles ;
Technique des procédés et description
des appareils ;
Résultats scientifiques ;
Représentation des objets animés ;
Analyse du mouvement dans les fonctions
de la vie ;
Exemples d'application.

*Avec chronophotographies originales reproduites en photo-
gravure sans intervention de la main humaine.*

PAR

J. MAREY

Membre de l'Académie des Sciences,
Professeur au Collège de France.

PARIS

GEORGES CARRÉ, ÉDITEUR

58, RUE SAINT-ANDRÉ-DES-ARTS, 58

1892

LA
PHOTOGRAPHIE
DU
MOUVEMENT

Les méthodes chronophotographiques sur plaques
fixes et pellicules mobiles ;
Technique des procédés et description
des appareils ;
Résultats scientifiques ;
Représentation des objets animés ;
Analyse du mouvement dans les fonctions
de la vie ;
Exemples d'application.

*Avec chronophotographies originales reproduites en photo-
gravure sans intervention de la main humaine.*

PAR

J. MAREY

Membre de l'Académie des Sciences,
Professeur au Collège de France.

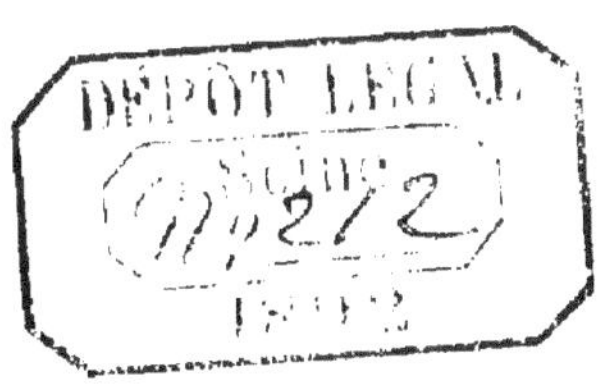

PARIS

GEORGES CARRÉ, ÉDITEUR

58, RUE SAINT-ANDRÉ-DES-ARTS, 58

1892

Cette étude est extraite de la *Revue générale des Sciences pures et appliquées* (n° du 15 novembre 1891), éditée chez G. Carré, 58, rue Saint-André-des-Arts, à Paris.

LA PHOTOGRAPHIE DU MOUVEMENT

(Extrait de la *Revue Générale des sciences*
du 15 Novembre 1891).

Les sciences progressent en raison de la précision de leurs méthodes et de leurs instruments
de mesure. La balance, le thermomètre, le manomètre ont donné à la chimie et à la physique
la précision que nous admirons aujourd'hui. Ces
divers instruments expriment la valeur statique
des forces qu'ils doivent mesurer : la balance
indique le poids actuel d'un corps en lui faisant
équilibre avec des poids connus; le manomètre
équilibre pareillement la pression d'un gaz par
celle d'une colonne de mercure.

Mais, sous leur forme primitive, ces instruments
seraient incapables d'exprimer les variations qui
surviennent à chaque instant dans le poids d'un
liquide qui s'évapore, ni dans la pression d'un gaz
dont on change la température. Aussi, pour mesurer
les variations qui surviennent dans l'intensité des

forces physiques, a-t-il fallu créer de nouveaux instruments que l'on nomme *inscripteurs* ou *enregis-*
treurs, et grâce auxquels on obtient, sous forme de
courbes plus ou moins sinueuses, l'expression des
changements de poids, de pression, de température, de tension électrique, etc. C'est avec ces
instruments que les météorologistes suivent, en
chaque point du globe, les variations de l'état de
l'atmosphère, que les physiologistes inscrivent les
changements les plus délicats de la pression du
sang, de la force des muscles, de la température
des organes.

Or, tous les corps de la Nature présentent des
caractères extérieurs sur lesquels notre vue nous renseigne, à la condition que ces caractères ne varient
pas de manière à rendre l'observation impossible.
La forme des corps, leurs dimensions, leur position
dans l'espace peuvent être exactement appréciées
à l'état statique; nous savons même, depuis un
temps immémorial, représenter par le dessin ces
caractères extérieurs. Mais cette laborieuse représentation des objets est souvent insuffisante, car
elle ne peut montrer qu'à l'état de repos, des corps
qui changent de forme ou qui se déplacent cons-
tamment.

La photographie est venue porter à la perfection
la représentation des objets immobiles; elle nous
en donne les images avec les détails les plus délicats; elle sait en réduire ou en agrandir la dimension, à une échelle connue et avec une précision
que nulle autre méthode ne saurait atteindre. La
photographie est donc, pour certaines sciences,
l'auxiliaire le plus puissant : les sciences naturelles,

par exemple, ne sauraient plus se passer de son concours ; aussi notre savant confrère M. Janssen a-t-il caractérisé d'une manière fort heureuse les propriétés de la plaque photographique en l'appelant la rétine du savant.

Eh bien, cette rétine merveilleuse qui perçoit en un court instant l'aspect des corps à l'état statique ou d'immobilité, et qui fixe ces caractères d'une façon immuable, peut-elle saisir et fixer aussi les caractères du mouvement? Les appareils photographiques peuvent-ils se rattacher de quelque façon à la série des appareils inscripteurs qui traduisent les phénomènes de la Nature où les forces sont toujours en action, la matière toujours en mouvement?

On peut aujourd'hui répondre à cette question par l'affirmative, et nous espérons montrer que la photographie, appliquée de certaine manière, renseigne de la façon la plus exacte sur des mouvements que notre œil ne saurait saisir parce qu'ils sont trop lents, trop rapides ou trop compliqués. Cette méthode que nous allons décrire, c'est la *Chronophotographie* [1].

Si l'on considère la propriété physiologique de l'œil humain, on voit que cet organe représente, au point de vue dioptrique, un appareil photogra-

---

[1] Nous avions d'abord désigné notre méthode sous le nom de *Photochronographie*; mais le Congrès international de Photographie réuni à Paris, en 1889, a fixé la terminologie relativement aux différents procédés (Voir procès-verbaux et résolutions du Congrès, p. 66), et adopté le nom de *Chronophotographie*. Nous nous conformerons à cette décision.

phique avec son objectif et sa chambre noire; les paupières en forment l'obturateur, tandis que la rétine, sur laquelle viennent se former les images réelles des objets extérieurs, serait la plaque sensible.

Or cette rétine jouit à un certain degré des propriétés de la plaque photographique : Boll a démontré qu'il se forme à sa surface des images qu'on voit persister quelques instants sur la rétine d'un animal récemment sacrifié, de sorte que la vision serait la perception que nous aurions d'images photographiées dans notre œil. Loin d'être permanentes, comme celles des appareils photographiques, les images rétiniennes sont fugitives; elles persistent toutefois quelques instants, prolongeant ainsi la durée apparente du phénomène qui leur a donné naissance. Cette propriété de la rétine va nous permettre d'étudier comment une image photographique peut représenter un mouvement.

Si nous sommes dans l'obscurité, de sorte que rien ne vienne mettre en action la sensibilité de notre œil, sauf un point lumineux ou un objet vivement éclairé, l'image de ce point ou de cet objet se peindra sur notre rétine et nous en conserverons l'impression quelque temps encore après que la source de lumière aura disparu. Il s'est peint dans notre œil l'image d'un objet à l'état statique, c'est-à-dire d'immobilité. Cette opération est identique à celle que nous faisons en prenant, au moyen de nos appareils, la photographie d'un objet immobile. Mais si le point lumineux se déplace rapidement au devant de notre œil, nous conserverons quelques instants une impression plus complexe, celle du trajet suivi par l'objet dans l'espace. Quand un enfant agite une baguette dont l'extrémité est incandescente et qu'il s'amuse à voir le ruban de feu qui semble onduler dans l'air, il photographie en réalité sur sa rétine *la trajectoire* d'un point lumineux ; cette trajectoire n'est pas très longue, car la rétine ne garde pas longtemps les impressions reçues. Une plaque photographique donnerait, en pareil cas, l'image entière et permanente du chemin parcouru par le point lumineux ; toutefois ce ne serait pas encore l'expression complète du mouvement, puisque cette image n'exprimerait que les positions successives occupées par le corps lumineux, abstraction faite de la durée de son parcours.

Pour exprimer complètement les caractères du mouvement, il faut introduire dans l'image *la notion de temps;* cela s'obtient en faisant agir la lumière d'une manière intermittente et à des intervalles de temps connus.

Ainsi, pendant que nous recevons l'impression rétinienne, si nous battions des paupières d'une manière intermittente, deux fois par seconde par exemple, l'image du ruban de feu qui se peindrait dans notre œil présenterait des interruptions, et le nombre des interruptions contenues sur une certaine longueur de la trajectoire lumineuse exprimerait, en demi-secondes, le temps que le mobile a employé pour effectuer ce parcours. Or, ce sont là, précisément, les conditions de la chronophotographie.

Nous nous proposons d'indiquer d'une façon sommaire ses méthodes et ses principales applications.

Méthodes

I. — CHRONOPHOTOGRAPHIE SUR PLAQUE FIXE

Supposons qu'on braque un appareil photographique sur un champ obscur et que, l'objectif étant ouvert, on lance devant ce champ une boule brillante éclairée par le soleil, de telle sorte que l'image de cette boule impressionne sucessivement différents points de la plaque sensible. On trouvera sur cette plaque une ligne continue représentée (fig. 1) par la courbe supérieure qui représentera exactement la trajectoire suivie par le corps bril-

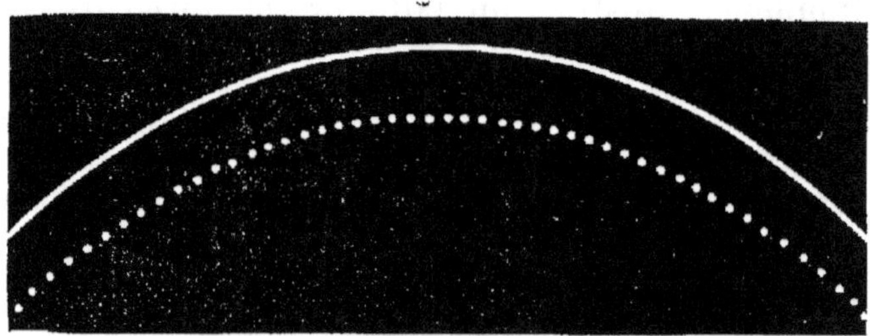

Fig. 1. — Trajectoire simple et trajectoire chronophotographique d'une boule brillante qui se déplace devant un champ obscur.

lant. Si nous répétons l'expérience en admettant la lumière dans la chambre noire d'une manière intermittente, et à des intervalles de temps égaux, nous obtiendrons une trajectoire discontinue (courbe inférieure de la même figure), dans laquelle seront représentées les positions successives du mobile aux instants où se sont produites les admissions de la lumière : c'est la courbe chronophotographique.

Cette méthode suppose que l'intervalle de temps

qui sépare deux images successives soit toujours le même et qu'on en connaisse exactement la valeur. Pour obtenir les meilleures images possibles, il faut que l'objet soit vivement éclairé et le fond sur lequel il se détache parfaitement obscur [1]; en outre, la durée des admissions de lumière doit être très courte et les intervalles entre deux éclairements successifs parfaitement égaux.

La figure 2 représente la disposition primitive que nous avions donnée à l'appareil chronophoto-

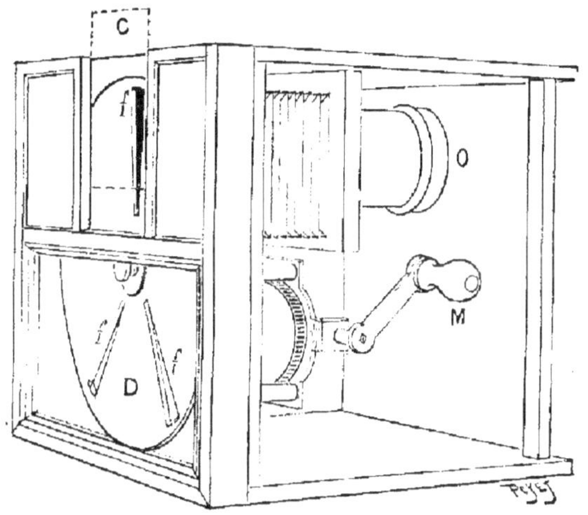

Fig. 2. — Disposition de l'appareil pour la chronophotographie sur plaque fixe et sur champ obscur.

graphique. On faisait tourner au moyen d'une manivelle un disque fenêtré D, dont la rotation était réglée et parfaitement uniformisée au moyen d'un régulateur. La plaque sensible s'introduisait avec son

---

[1] Voir pour la manière d'obtenir un bon champ obscur, la *Méthode graphique* (supplément p. 22 et suiv.,) Paris, Masson, 1884.

châssis C au foyer de l'objectif O. A chaque passage d'une fenêtre (*f*), cette plaque recevait une image représentant l'objet éclairé, avec sa forme et sa position actuelles. Or, comme l'objet se déplaçait entre deux images successives, on obtenait une série d'images analogues à celles de la boule (fig. 1), indiquant les attitudes et les positions successives de l'objet en mouvement. L'intervalle entre les images était parfaitement réglé à 1/10 de seconde ; la durée des éclairements était de 1/500 de seconde : enfin, une règle métrique avec ses divisions était placée devant le champ obscur, dans le même plan que l'objet photographié. L'image de cette règle, reproduite sur la plaque sensible, servait d'échelle pour mesurer la grandeur réelle de l'objet et les espaces qu'il avait parcourus dans chaque dixième de seconde.

L'image ainsi obtenue donnait, avec toute la précision d'une épure géométrique, les deux notions d'espace et de temps qui caractérisent tout mouvement. Toutefois, ces deux notions qu'il s'agissait de concilier dans la chronophotographie, sont, dans une certaine mesure, incompatibles entre elles, de sorte que, pour les obtenir toutes deux, on est souvent obligé de recourir à certains artifices, ainsi qu'on va le voir.

Pour une même vitesse de translation, si l'objet étudié couvre peu de surface dans le sens du mouvement, on en peut recueillir un grand nombre d'images sans que celles-ci se confondent en se superposant. C'est le cas du projectile que nous considérions tout à l'heure. La notion de temps est donc très complète quand celle d'espace est très restreinte.

Mais si nous prenons les images successives d'un homme qui marche (fig. 3), la notion d'espace est plus complète : chaque image couvre une surface

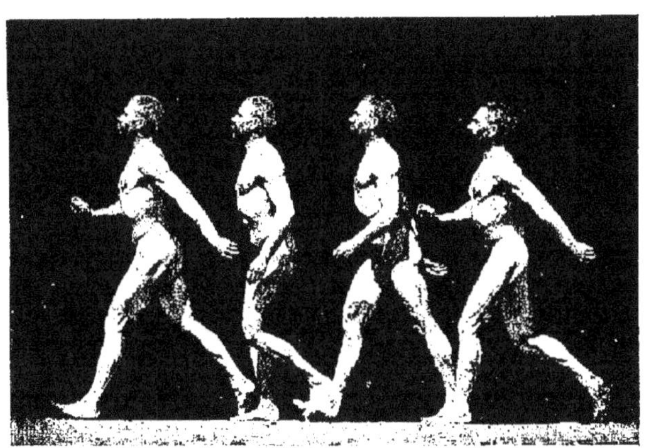

Fig. 3. — Un homme qui marche : attitudes successives données par la chronophotographie sur plaque fixe.

étendue, et renseigne sur les positions que prennent le corps, les bras et les jambes. Mais, par cela même

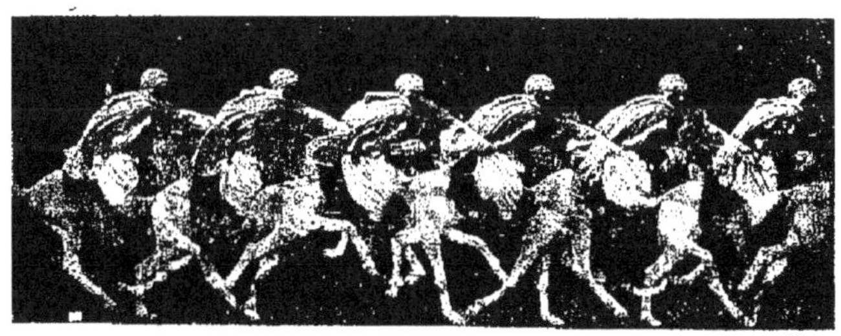

Fig. 4. — Cheval arabe au galop. La grande surface couverte par chacune des images fait qu'elles se superposent entre elles presque complétement.

que chaque image occupe plus d'espace, le nombre qu'on en peut prendre est moins grand, sans quoi la confusion se produirait par superposition de ces images.

Avec un gros animal, un cheval par exemple, le nombre des images devra être très restreint, car la longueur de chacune d'elles, mesurée dans le sens du mouvement, est très grande et la superposition se produirait ainsi qu'on le voit sur la figure 4 représentant un cheval au galop.

Pour des vitesses de translation différentes, le nom-

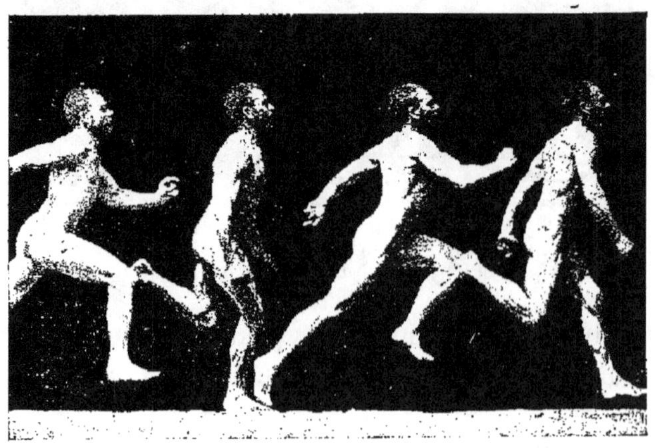

Fig. 5. — Homme qui court. Chronophotographie sur plaque fixe.

bre des images qu'on peut prendre en un temps donné sans que la confusion se produise est d'autant plus grand que la translation est plus rapide. On peut s'en convaincre en comparant les images successives d'un homme qui court (fig. 5), avec celles d'un homme qui marche (fig. 3) : les images du coureur sont bien plus éloignées les unes des autres, quoique la fréquence des éclairements ait été la même dans l'un et l'autre cas.

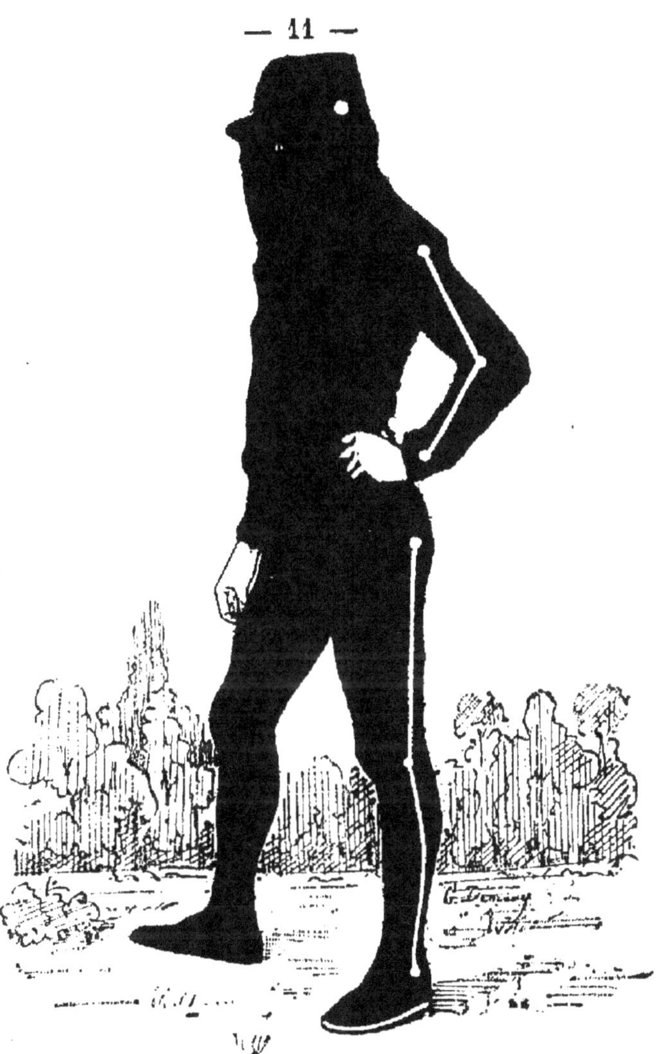

Fig. 6. — Homme vêtu de noir et par conséquent invisible
quand il passera devant le champ obscur. Des lignes blan-
ches qu'il porte sur les bras et les jambes seront seules
marquées dans l'image chronophotographique.

Ainsi, la confusion des images par superposition
est la limite qui s'impose aux applications de la

chronophotographie sur plaque fixe. Dans bien des cas cependant, au moyen de certains artifices, on échappe à cet inconvénient.

Le moyen le plus naturel consistait à réduire artificiellement la surface du corps étudié. On rend invisibles, en les noircissant, les parties qu'il n'est pas indispensable de représenter dans l'image, et l'on rend lumineuses au contraire celles dont on veut connaître le mouvement. C'est ainsi qu'un homme vêtu de velours noir (fig. 6) et portant sur les membres des galons et des points brillants, ne donne, dans l'image, que des lignes géométriques sur lesquelles pourtant se reconnaissent aisément les attitudes des différents segments des membres.

Dans l'épure que l'on obtient ainsi (fig. 7), le nombre des images peut être considérable et la

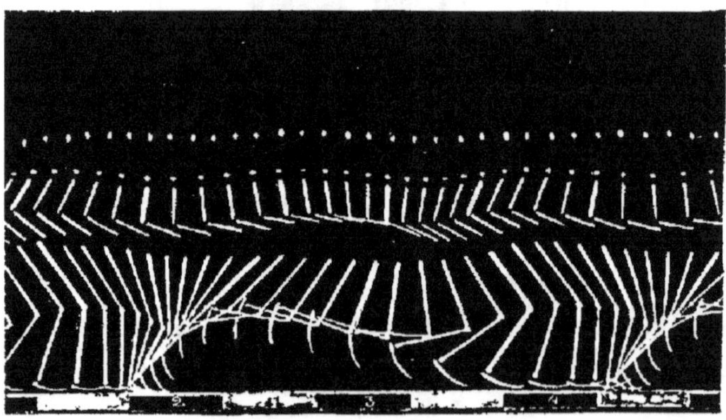

Fig. 7. — Images d'un coureur réduite à des lignes brillantes qui représentent l'attitude de ses membres. Chronophotographie sur plaque fixe.

notion de temps très complète, puisque celle d'espace a été volontairement restreinte au strict nécessaire.

II. — CHRONOPHOTOGRAPHIE SUR PELLICULE MOBILE

Les résultats donnés par la chronophotographie pour l'analyse des mouvements sont donc très suffisants lorsqu'on n'en veut connaître que les caractères mécaniques ; nous les passerons en revue plus tard. Mais cette méthode ne saurait satisfaire le physiologiste qui veut analyser les mouvements d'ensemble d'un organe ; elle ne satisferait pas non plus l'artiste qui, dans un groupe de personnages, voudrait suivre les attitudes et les expressions de chacun d'eux. En outre, la chronophotographie sur plaque fixe ne peut être réalisée que dans des conditions spéciales, devant un fond parfaitement obscur ; un grand nombre de phénomènes lui échappent donc : les mouvements des nuages, ceux de la mer, la marche des navires, les allures des animaux sauvages, etc.

Pour obtenir une série d'images dans ces différents cas, il faut les recueillir sur une plaque sensible qui se déplace et présente successivement des points différents de sa surface au foyer de l'objectif photographique. Le revolver astronomique avec lequel M. Janssen recueillit une série d'images de la planète Vénus passant sur le disque lumineux du Soleil renferme le principe de ce procédé. Mais les images des deux astres étaient prises à des intervalles assez longs, il fallait, pour saisir les mouvements si rapides qu'exécutent les êtres animés, trouver un mécanisme très rapide lui-même. Nous avons construit à cet effet, il y a quelques années, une sorte de fusil dont le canon contenait un objectif et qui renfermait dans sa culasse une

glace photographique circulaire [1]. On visait l'objet
en mouvement, et en pressant sur la détente, on
mettait en action le mécanisme. La glace sensible
tournait sur elle-même et s'arrêtait douze fois par
seconde pour recevoir les images de l'objet; la
durée de la pose était à peu près de 1/720 de seconde.

Malgré les difficultés mécaniques qu'il avait
fallu surmonter pour obtenir une telle fréquence
d'images, le résultat obtenu n'était pas encore sa-
tisfaisant : ces images étaient trop petites et, à
l'agrandissement, ne donnaient que des détails insuffisants.

Si nous avons éliminé systématiquement les
appareils à objectifs multiples, comme celui de
Muybridge qui a donné pourtant de si admirables
résultats, c'est que, dans ces appareils, les divers
objectifs *voient*, si l'on peut ainsi dire, l'objet photographié sous des incidences différentes. Or ces changements de perspectives, s'ils n'ont pas d'inconvé-
nients quand on opère sur des objets éloignés et de
grandes dimensions, ne permettraient pas d'étudier
les objets de petite taille, qui doivent s'observer
de très près, à plus forte raison les êtres microscopiques. C'est pourquoi nous nous sommes décidé
à l'emploi d'un objectif unique au foyer duquel
une longue bande de pellicule sensible passe en s'ar-
rêtant pour recevoir chaque image ; passe encore,
s'arrête de nouveau, et cela avec une telle vitesse
qu'on peut obtenir jusqu'à 60 images à la seconde,
chacune de ces images n'employant à se former

---

[1] Voir supplément à la *Méthode graphique*, p. 12.

qu'un temps de pose très court variant de 1/1000 à 1/25000 de seconde.

Nous ne rappellerons pas les nombreuses tentatives à travers lesquelles il a fallu poursuivre la réalisation de ce programme ; nous nous bornerons à décrire l'appareil unique dans lequel sont définitivement réunies les dispositions nécessaires pour la chronophotographie, soit sur plaque fixe, soit sur pellicule mobile. Cet appareil recueille également bien les images réduites de grands objets éloignés, les images en grandeur réelle de petits objets rapprochés, enfin les images très amplifiées des êtres qui se meuvent dans le champ du microscope.

Ajoutons que la difficulté de saisir un mouvement ne tient pas toujours à sa trop grande vitesse ; certains mouvements nous échappent encore par leur lenteur : c'est ainsi que l'aiguille d'une montre nous paraît immobile. Or il y a des mouvements bien plus lents qu'il est important de rendre saisissables: la chronophotographie se prête également bien à l'analyse de ces mouvements très lents.

III. — DESCRIPTION DU CHRONOPHOTOGRAPHE COMPLET.

Le chronophotographe complet (fig. 8) renferme, avons-nous dit, tout ce qui est nécessaire pour prendre des images, soit sur une plaque fixe, soit sur une bande pelliculaire qui se déplace ; son tirage variable et la possibilité de changer l'objectif dont on se sert permettent d'obtenir, suivant le besoin, des images réduites ou amplifiées ; la fréquence et l'étendue de ces images, la durée des temps de pose et l'intensité des éclairements peuvent être réglés suivant le besoin.

Nous décrirons d'abord les pièces qui sont nécessaires pour la chronophotographie sur plaque fixe, c'est-à-dire pour le cas le plus simple.

A. *Pièces qui servent à la chronophotographie sur plaque fixe.* — Nous avons vu qu'un appareil photographique très simple, dans lequel la lumière

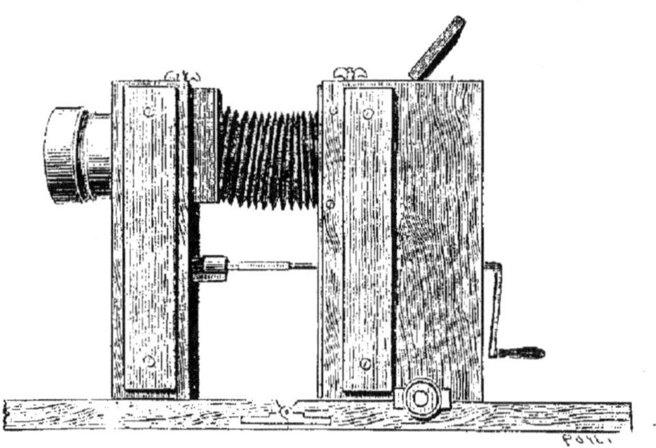

Fig. 8. — Disposition nouvelle de l'appareil, se prêtant à toutes les applications de la chronophotographie. (Echelle 1/10.)

arrive d'une façon intermittente, suffit pour appliquer cette méthode. Ces pièces sont faciles à reconnaître dans la fig. 8, où l'on voit les deux corps de l'appareil réunis par un soufflet. L'arrière-corps glisse sur un rail au moyen d'un bouton à crémaillère, suivant les besoins de la mise au point. L'objectif dont on se sert doit toujours être contenu dans une boîte fendue en dessous (fig. 9) et qui coulisse dans une ouverture de l'avant-corps de l'appareil qu'elle remplit exactement. La fente située au-dessous de la boîte coupe en deux l'objectif perpendiculairement à son axe optique principal, et laisse passer les

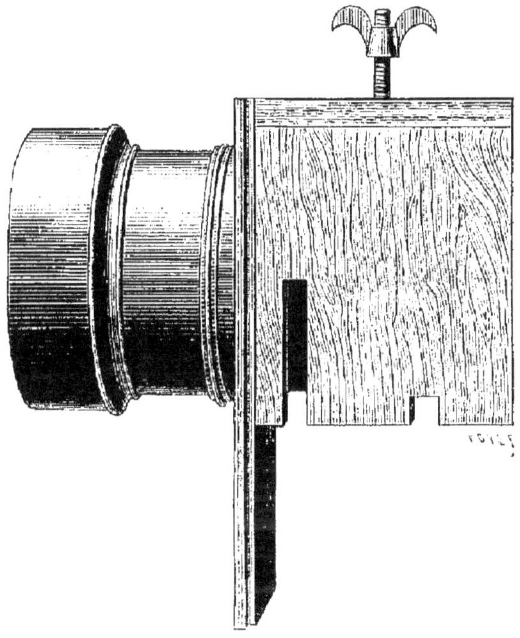

Fig. 9. — Objectif photographique en partie contenu dans sa boîte. La planchette située en avant entre dans une coulisse de l'avant-corps de l'appareil. La fente située au-dessous de la caisse laisse passer les disques obturateurs. (Echelle 1/3).

disques fenêtrés qui produiront, en tournant, des intermittences dans l'admission de la lumière.

Le soufflet s'adapte par une de ses extrémités à la boîte de l'objectif, tandis que l'autre, collée à l'arrière-corps, se trouve, par sa large ouverture, en rapport soit avec le châssis à verre dépoli (fig. 10), soit avec le châssis photographique (fig. 11).

Les seules pièces qui méritent une description

spéciale sont les *disques obturateurs* et *l'arbre* qui sert à leur transmettre le mouvement.

Les disques obturateurs tournent en sens con-

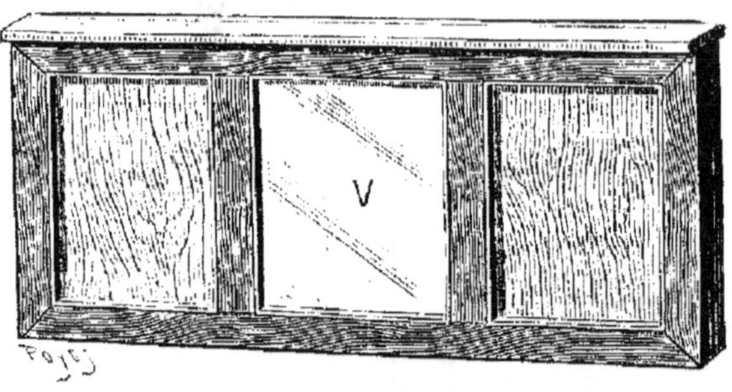

Fig. 10. — Châssis à verre dépoli V pour la mise au point dans la chronophotographie sur plaque fixe.

traire l'un de l'autre; la rencontre des ouvertures dont ils sont percés produit les éclairements.

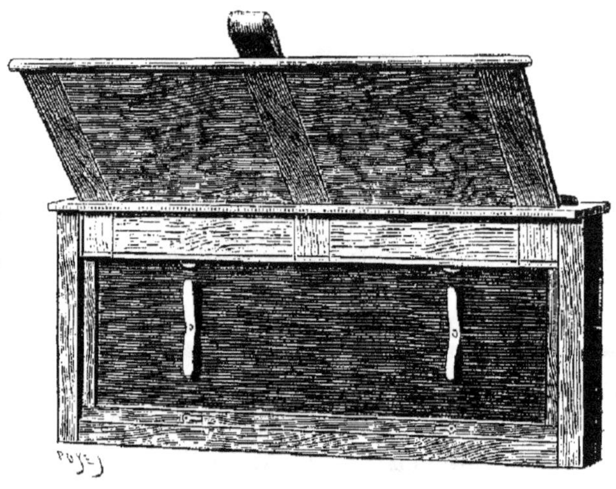

Fig. 11. — Châssis recevant la glace sensible dans la chronophotographie sur plaque fixe. Le volet du châssis est tiré.

Cette disposition permet d'employer des disques de petit diamètre et par conséquent de réduire

beaucoup les dimensions totales de l'appareil.
Celui-ci, en effet, n'excède pas le volume ordinaire d'une chambre 18-24.

Quant à l'arbre qui fait tourner les disques, il
emprunte son mouvement à des rouages actionnés
par une manivelle et qu'il n'y a pas lieu de décrire
en ce moment ; cet arbre se fixe d'autre part à
l'axe de l'obturateur rotatif. Or, dans la mise
au point, le tirage doit varier, et les deux corps de
l'appareil s'éloigner plus ou moins l'un de l'autre ;
il faut donc que l'arbre s'accommode à ces changements de longueur : pour cela, il est formé
de tubes carrés glissant à frottement l'un dans
l'autre. Cette disposition se prête à toutes les applications de la chronophotographie sur plaque fixe,
ainsi qu'on le dira plus loin.

B. *Pièces qui servent à la chronophotographie sur
pellicule mobile.* — On a vu que, si l'objet à étudier exécute des mouvements sur place ou que,
présentant une grande surface, il se déplace avec
peu de vitesse, on ne peut recourir à la chronophotographie sur plaque fixe, parceque les images se con-
fondraient par superposition. Il faut alors recevoir ces images sur une plaque qui se déplace en
présentant successivement au foyer de l'objectif
les différentes parties de sa surface. Nous nous
servons à cet effet de plaques souples ou pellicules,
taillées en longues bandes et montés sur bobines.
La *bande pelliculaire* doit défiler très vite pour recevoir en un temps donné un grand nombre d'i-
mages sans que les dimensions de ces images
soient trop réduites ; elle doit s'arrêter au moment

de chaque pose, sans quoi les images obtenues n'auraient aucune netteté ; il faut que cette bande sensible puisse être introduite dans l'appareil et en puisse être retirée sans subir l'action de la lumière ; il faut enfin, pour la bonne utilisation de la pellicule, qu'il n'en passe, entre deux éclairements consécutifs, que la quantité rigoureusement nécessaire pour recevoir une image. Voici les dispositions qui réalisent ces conditions multiples.

Reprenons la description de l'appareil chronophotographique au point où nous l'avons laissée tout à l'heure. Le châssis qui porte la plaque fixe doit être enlevé, puisque ce n'est plus lui qui doit recevoir les images. A sa place on introduit une planchette percée d'une ouverture, *fenêtre d'admission* (fig. 12), dont la largeur, réglable à volonté,

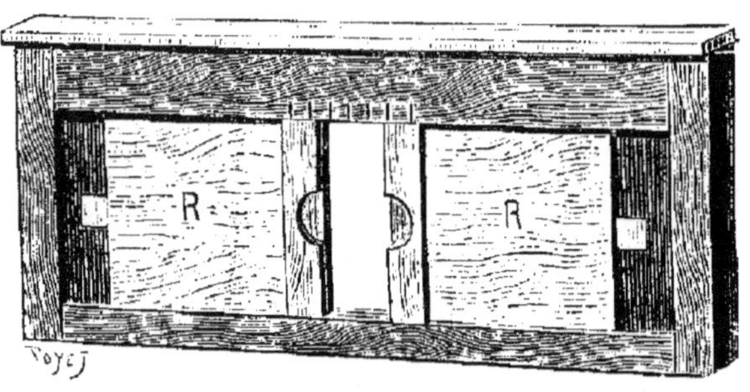

Fig. 12. — Fenêtre d'admission se substituant au châssis photographique lorsqu'on opère sur une pellicule qui se déroule. La largeur de la fenêtre se règle par le glissement des rideaux R R, suivant la dimension que doit avoir l'image.

est justement égale à celle que doit présenter chacune des images. A travers cette fenêtre, la lumière pénétrera dans la *chambre aux images* où

elle rencontrera la pellicule mobile qu'un rouage
d'horlogerie déroule, d'un mouvement saccadé,
en la faisant passer d'une bobine sur une autre.

La disposition de ces *bobines* nous occupera tout
d'abord, car elles constituent l'organe essentiel
qui permet de charger ou de décharger l'appareil
en pleine lumière.

Les bobines [1] (fig. 13) ont 9 centimètres de hau-

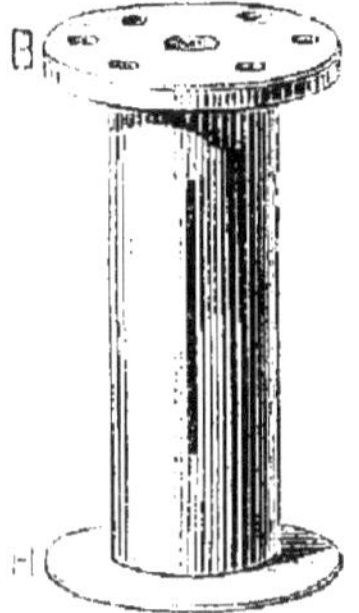
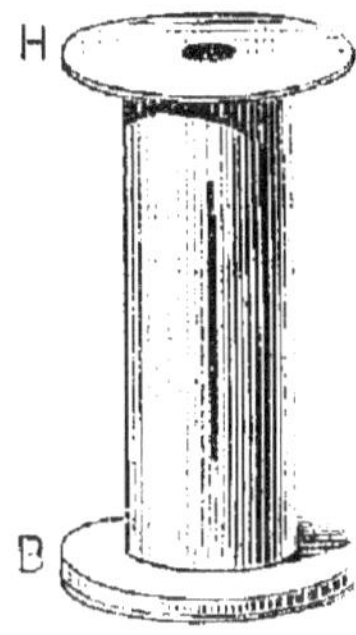

Fig. 13. — Deux bobines de métal destinées à l'enroulement
de la pellicule sensible. Ces bobines sont situées en sens
contraire l'une de l'autre ; les lettres H et B indiquent sur
chacune d'elles le haut et le bas.

teur. Une bande de papier fort et opaque, ayant
9 centimètres de largeur sur une longueur de
plusieurs mètres, s'enroule sur une bobine dont elle
remplit plus ou moins la gorge. Or, en même temps

---

[1] *Les bobines* sont faites de métal. Deux fonds, l'un supé-
rieur, mince, l'autre inférieur, épais, sont soudés aux deux
bouts d'un tube métallique léger. Un trou percé au centre
des deux fonds permet le passage d'une broche verticale fixée
à l'intérieur de la chambre. Une couronne de petits trous
percés dans la face inférieure de la bobine sert à son entraînement ; quant une cheville implantée dans un disque tournant pénétrera dans l'un de ces trous, le disque entraînera la
bobine dans son mouvement rotatif.

que cette bande de papier, on enroule aussi la bande
de pellicule sensible qui devra recevoir les images.
Voici comment on procède pour cet enroulement.

La bande de papier opaque étant, par exemple,
d'un mètre plus longue que celle de pellicule, on
enroule sur le noyau de la bobine, 0 ^{m}. 50 de papier seul ; puis, on applique sur le papier la bande
pelliculaire, la couche sensible en dehors, et on les
enroule toutes deux sur la bobine en les serrant
fortement. Quand on arrive à la fin de la bande
pelliculaire, on fixe cette extrémité contre la bande
opaque au moyen d'un morceau de papier gommé
à la façon des timbres-poste ; puis on achève l'en
roulement des 0 ^{m}. 50 de papier qui restent encore ;
enfin on maintient le tout avec un lien de caoutchouc. Cette opération se fait, bien entendu, dans
le laboratoire photographique et à la lumière
rouge.

Pour montrer qu'une bobine est chargée, on
glisse sous la bande de caoutchouc un petit morceau de papier blanc qui sert de signe ; ce papier
tombe de lui-même au moment de l'emploi, et ne
se trouve plus, par conséquent, sur les bobines qui
ont été impressionnées [1].

Voilà donc notre surface sensible bien protégée
contre l'action de la lumière ; il s'agit de l'introduire dans l'appareil.

---

[1] Quand on opère sur des pellicules très longues, comme
il serait encombrant d'avoir une égale longueur de papier, on
réduit celui-ci à deux courtes bandes que l'on colle aux deux
extrémités de la pellicule. Ces bandes de papier sont taillées
en pointe à leur extrémité libre ; on engage celle-ci dans la
fente longitudinale de l'axe de la bobine au moment de pro-
céder à l'enroulement.

Prenons une bobine chargée M, (fig. 14), ou *bobine magasin*, déroulons les premiers tours du papier qui la recouvre et enroulons cette extrémité sur une seconde bobine R, en sens inverse de l'enroulement de M : de sorte qu'en passant d'une bobine sur l'autre, la bande de papier affecte

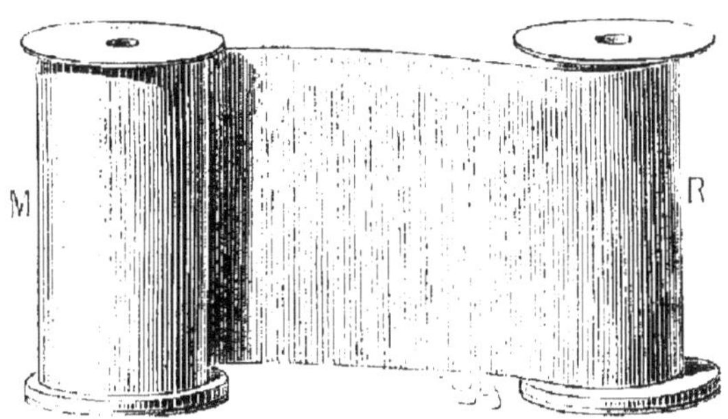

Fig. 14. — Bobine magasin chargée, M ; on déroule l'extrémité de la bande de papier qui la recouvre pour l'enrouler en sens contraire sur la bobine réceptrice R.

la forme d'un S. Ouvrons alors la chambre aux images (fig. 15), nous y trouvons deux broches verticales dont l'une, à gauche, reçoit la bobine-magasin, tandis que celle de droite reçoit la bobine réceptrice R. Deux rouleaux compresseurs exercent une pression élastique sur les bobines pour assurer la régularité de l'enroulement ou du déroulement de la bande. Quant à la bande elle-même, on l'engage dans une fente verticale (suivant la ligne ponctuée) où elle subira l'action de certains organes que nous allons décrire : Le *laminoir*, le *fixateur* et le *ressort élastique*.

Laminoir. — Il est formé d'un cylindre moteur L (fig. 15) en bois durci recouvert de caoutchouc et sur lequel se réfléchissent les bandes de pa-

pier et de pellicule dans leur trajet d'une bobine
sur l'autre. C'est l'organe moteur de la pellicule.
Pour le faire fonctionner, on appuie sur une détente qui abat un rouleau compresseur élastique,
analogue à ceux qui pressent sur les bobines, mais

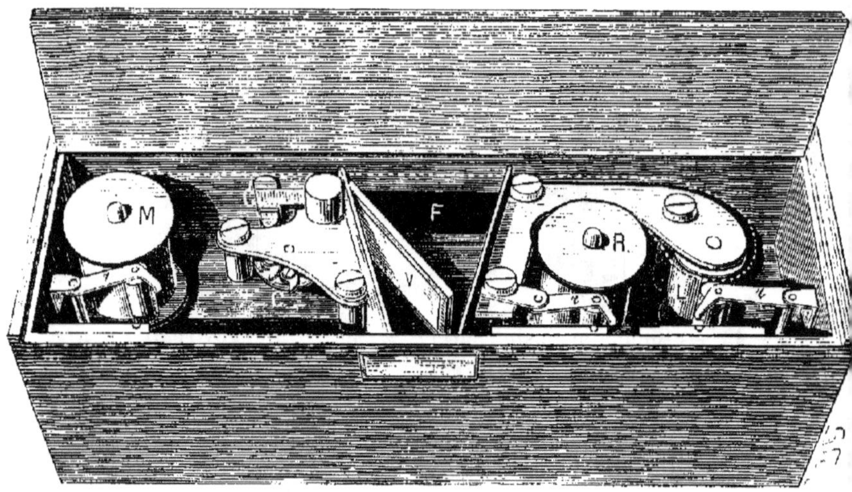

Fig. 15.— Chambre aux images, dont le couvercle est soulevé. M, bobine magasin et R bobine réceptrice sur leurs broches ; r r r petits rouleaux compresseurs appuyant la bande sur les bobines. L, laminoir avec son rouleau compresseur. F fenêtre d'admission. V, verre dépoli tournant à
charnière. Une ligne ponctuée indique le trajet de la bande et de la pellicule. C, C' fixateur et sa came produisant les arrêts intermittents de la
bande.

d'une plus grande force. Tant que le compresseur
n'est pas abattu et ne serre pas la pellicule, le
laminoir tourne librement en glissant derrière la
bande qui le recouvre ; dès que le compresseur agit,
la bande est entraînée.

Cette disposition a pour but de mettre tout
d'abord les rouages en marche avant de commencer
l'expérience et de les amener graduellement à leur

vitesse uniforme; à partir de ce moment, l'opérateur est prêt à saisir les images dès que l'objet en mouvement se présentera dans des conditions favorables.

La bobine réceptrice R est placée, avons-nous dit, sur une broche verticale. Celle-ci tourne sur elle-même et devra entraîner cette bobine aussitôt que fonctionnera le laminoir; de cette façon la pellicule s'enroulera à mesure qu'elle aura reçu des images. Mais tant que le laminoir ne fonctionne pas, la bobine R ne doit pas tourner, car le moment n'est pas venu d'enrouler la pellicule. La broche tournera donc seule, en produisant toutefois un frottement qui *tend à entraîner* la bobine, mais ne l'entraînera effectivement qu'au moment où le laminoir entrera en fonction. Ce résultat est obtenu au moyen d'un cliquet : cet organe maintient la bobine immobile jusqu'au moment où s'abattra le compresseur du laminoir.

Une autre condition s'impose encore dans le mouvement de la bobine R : il faut que cette bobine enroule la bande à mesure que le laminoir la lui livre, sans être en retard ni en avance. Or, l'accroissement continu du diamètre de la bobine, à mesure qu'elle reçoit un plus grand nombre de tours de bande, eût produit des irrégularités dans l'enroulement.

L'uniformité de l'enroulement est naturellement obtenue par cette condition, déjà signalée, que la broche qui tend à entraîner la bobine tourne *à frottement* dans son intérieur. Il s'ensuit que la bande n'est jamais tirée avec assez de force pour surmonter la résistance du laminoir.

Nous voici déjà en mesure de produire les actions suivantes : La pellicule etson support de papier étant mis en place, nouspouvons imprimer aux rouages de l'appareil une rotation rapide. Les disques éclaireurs font, par exemple, 10 tours par seconde et le laminoir en fait autant. A un moment donné, on presse sur un bouton qui fait saillie sur le couvercle de la boîte aux images; le compresseur du laminoir s'abat, et, du même coup, la bobine réceptrice devient libre. Aussitôt le papier est entraîné, et la bande tout entière passe d'une bobine sur l'autre dans l'espace d'une ou deux secondes.

Fixateur. — Si l'on opérait avec la disposition ci-dessus décrite, on recevrait des images sur une surface en mouvement, et aucune de ces images ne serait nette. Il faut qu'au moment de l'éclairement, la bande pelliculaire cesse de se mouvoir.

Or on ne pouvait pas songer à arrêter les rouages animés de la grande vitesse dont nous venons de parler; mais il était possible d'arrêter la pellicule toute seule. Voici la disposition que nous avons employée pour cela :

Au moment où la bande pelliculaire, sortant de la bobine M, s'engage dans l'étroit espace où elle défile au foyer de l'objectif pour recevoir des images, cette bande passe devant un organe nommé le *fixateur*. Celui-ci est formé d'un demi cylindre d'acier (C' fig. 16), maintenu verticalement par deux lames de ressort qui le pressent doucement contre la face postérieure de la pellicule p qui se trouve ainsi légèrement étreinte entre cet organe et la platine du rouage. Cette légère pression n'entrave pas la marche de la pellicule, mais celle-ci s'arrêtera soudain si le fixateur est fortement poussé contre la platine. Cet effet est obtenu par

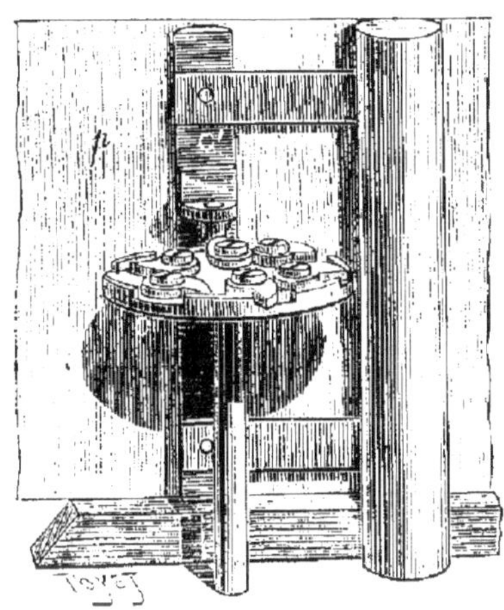

Fig. 16. — Fixateur C' de la figure précédente, représenté seul ici avec ses cames O ; p bande pelliculaire que le fixateur comprime contre la paroi de la chambre aux images, chaque fois qu'une dent de la came passe sur le rouleau.

une came dont l'action se produit pendant un temps très court, et précisément à l'instant de l'admission de la lumière dans l'instrument. On aura donc une parfaite fixité de la pellicule au moment de chaque pose.

Voici comment est construit le *fixateur :* C'est une portion de cylindre d'acier, évidé dans son centre pour loger un galet cylindrique sur lequel passera une came au moment de l'éclairement. Or, la pression de cette came contre le cylindre fait plier celui-ci à sa partie moyenne, évidée et flexible, mais produit par ses extrémités une forte étreinte de la bande pelliculaire contre la platine de l'appareil.

On peut graduer cette pression et considérer comme bonne celle qui permet de tirer avec un effort de 2 à 3 kilogrammes sur une bande de papier serrée dans le fixateur, sans que cette bande glisse.

La construction des cames présente aussi quelques particularités. Chaque came est d'acier; elle est taillée en forme de virgule et serrée par une vis qui la traverse. La came est mobile et peut tantôt se cacher à l'intérieur du disque qui la porte, tantôt saillir à l'extérieur de ce disque de manière à frotter sur le galet et à faire serrer la bande par le fixateur.

Lame élastique. — La bande pelliculaire, énergiquement entraînée par le *laminoir*, et d'autre part arrêtée, en amont, par le *fixateur*, devrait nécessairement se rompre ou glisser dans le laminoir. Pour éviter ces accidents, on recourt à une disposition qui a pour effet de faire varier la longueur du parcours de la bande entre le laminoir et le fixateur. Cela s'obtient au moyen d'une lame de ressort sur laquelle la pellicule se réfléchit dans son trajet. Ainsi, au moment de la fixation de la bande, le laminoir continue son action et entraine la pellicule qui cède en faisant plier la lame élastique; puis, quand la fixation est terminée, la détente de la lame tire soudainement la pellicule qui se remet à marcher d'un mouvement uniforme.

Sans entrer dans les détails du rouage qui conduit les pièces que nous venons de décrire, disons que, par construction, le laminoir, la came du fixateur et les disques obturateurs tournent avec la même vitesse; qu'on établit la coïncidence des éclairements avec les fixations de la pellicule, de sorte que ces différents actes soient coordonnés d'une manière automatique.

Nombre, dimensions et intervalles des images. — C'est une manivelle qui actionne le rouage. Un tour de cette manivelle produit cinq tours du disque obturateur et du laminoir; or, comme on peut aisément faire à la main deux tours de la manivelle par seconde, on obtient ainsi dix images.

Cette marche de l'appareil donne des images de grande dimension, dont chacune correspond au périmètre entier du cylindre laminoir, c'est-à-dire à 9 centimètres; or, comme la hauteur de la bande est aussi de 9 centimètres, chaque image a pour dimension 9 centimètres en carré. Mais on peut, dans bien des cas, se contenter d'un champ moins étendu; on obtient alors deux, trois ou six images pour un tour de laminoir, ce qui en porte le nombre à vingt, trente ou soixante par seconde. Il suffit pour cela de changer le nombre des dents de la came du fixateur, et de changer simultanément le nombre des fenêtres des disques obturateurs. Avec deux dents à la came et deux éclairements, on a une image à chaque demi-tour du laminoir: la longueur en est donc de 4 cent. 1/2. Trois arrêts et trois éclairements par tour du laminoir donnent des images de 3 centimètres; six arrêts et six éclairements réduisent les images à 1 cent. 1/2.

Avec un peu d'habitude, on arrive à régler fort

bien la marche de la manivelle, ce qui donne, à chaque seconde, un nombre d'images sensiblement constant. Mais, comme cette approximation ne suffirait pas pour les mesures précises que comporte une expérience scientifique, si l'on veut connaître rigoureusement le nombre des images par secondes, on contrôle le nombre des tours du disque par les procédés ordinaires de la chrono-photographie [1].

Quant à la régularité de la marche de l'appareil, elle est assurée par la masse des disques rotatifs qui, tournant avec une grande vitesse, forment un excellent régulateur.

IV. — EXPÉRIENCES.

Lorsqu'on veut prendre une série d'images sur une bande pelliculaire, on fait d'abord la mise au point sur le verre dépoli situé dans la boîte aux images, et qui, tournant comme un volet sur des gonds, vient se placer au lieu même où passera la pellicule sensible [2]. Puis, après avoir détourné le verre dépoli, on charge l'appareil en y engageant les deux bobines, ainsi qu'on l'a dit tout à l'heure. On ferme alors la boîte aux images et l'on met la manivelle en marche. Quand le rouage a pris la vitesse voulue, si l'objet en expérience se montre dans des conditions favorables, on presse sur le

---

[1] Voir la *Méthode graphique* p. 133.

[2] Pour plus de précision, la mise au point doit se faire à la loupe par un trou situé à la partie postérieure de la boîte, et qui se ferme avec un rideau de métal.

bouton qui met le laminoir en action ; aussitôt la pellicule passe en recevant les images. Les plus longues pellicules que le commerce fournisse actuellement et qui ont un peu plus de 4 mètres de long, n'emploient pour passer que 4″ 2/3. La bobine réceptrice est ensuite retirée de la boîte et conservée jusqu'au moment où elle devra être développée.

Quelques personnes ont cru que, dans la construction assez compliquée à laquelle nous avons eu recours pour obtenir des arrêts de la pellicule, nous nous étions donné une peine inutile, et l'on a dit qu'avec des éclairements très courts, la translation de la pellicule sensible était négligeable.

Il serait facile de prouver par le calcul que, pendant la durée de l'éclairement, la pellicule progresse d'une quantité suffisante pour enlever aux images la netteté qui en fait toute la valeur. Il est plus simple et plus convainquant peut-être, de montrer par une expérience que, sans les arrêts, on n'obtient pas de bonnes images. Pour cela, réglons l'appareil de manière à avoir deux images par tour de laminoir : c'est-à-dire, rétrécissons la fenêtre d'admission aux dimensions voulues, et produisons deux coïncidences dans les fenêtres du disque obturateur; mais, au lieu de régler le fixateur pour deux arrêts par tour, ne mettons qu'une seule came en relief. Il arrivera nécessairement que, de deux images successives. l'une se fera sur la pellicule arrêtée, l'autre sur la pellicule en mouvement. Or, après développement de ces images, on constatera, au premier coup d'œil, que celles qui se sont produites pendant les arrêts ont seules des contours parfaitement nets.

V. — DISPOSITIONS DIVERSES DE L'APPAREIL, SUIVANT LA NATURE DU SUJET QU'ON ÉTUDIE.

On vient de voir la disposition de l'appareil pour la chronophotographie sur bande mobile ; il reste à indiquer la manière d'appliquer cette méthode suivant la nature du sujet qu'on étudie.

A. *Disposition à donner aux images sur la bande pelliculaire.* — Quand le chronophotographe fonctionne dans sa position normale, c'est-à-dire repose sur son chariot, il donne des images qui se suivent en série horizontale de gauche à droite. C'est ainsi que nous avons obtenu une série d'images, dans lesquelles on peut suivre les phases du mouvement d'une vague qui vient frapper des rochers : la vague monte d'abord et couvre ces rochers d'écume, puis se retire et l'agitation de la mer se calme peu à peu.

Pour étudier les phénomènes de ce genre, la meilleure manière de rendre le mouvement sensible, c'est de le reproduire synthétiquement au moyen du *zootrope*.

Tout le monde connaît la belle invention de Plateau qui, plaçant à la circonférence d'un disque de carton une série d'images représentant lès

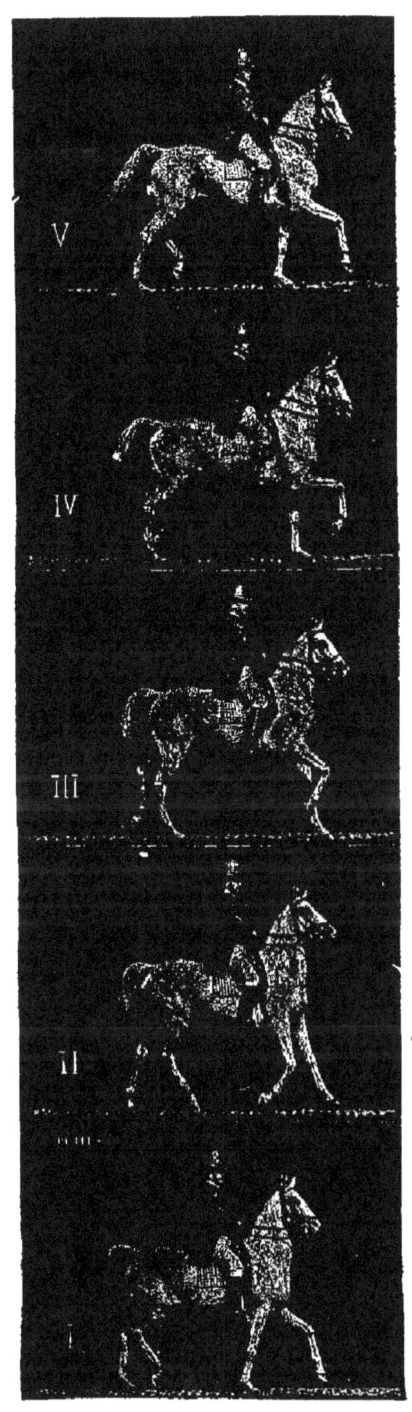

Fig. 17. — Série des phases de l'allure d'un cheval au pas ; les images se succèdent de bas en haut.

phases successives d'un mouvement, reproduisait, pour l'œil, l'apparence de ce mouvement, en faisant tourner le disque en face d'un miroir dans lequel on regardait les images à travers de petites fentes percées à la circonférence du carton. Plateau donna le nom de *Phénakisticope* à cet instrument, qui resta longtemps à l'état de jouet scientifique. Depuis quelques années, on a donné au phénakisticope des dispositions nouvelles qui en rendent l'emploi plus commode : celle qui est connue sous le nom de *zootrope* se prête fort bien à l'étude des mouvements obtenus sur bandes pelliculaires. La bande de papier sensible qui a reçu les images positives se place à l'intérieur d'un cylindre creux et porte à sa circonférence les fentes par lesquelles l'œil voit se succéder les images pendant que le cylindre tourne sur son axe.

On sait qu'il suffit d'une dizaine d'images successives par seconde pour que l'œil éprouve la sensation d'un mouvement continu. Or, comme la chronophotographie peut donner à chaque seconde 40 à 60 images, en faisant tourner une telle bande dans le zootrope, à raison de 10 images par seconde on obtient la sensation du mouvement ralenti de quatre à six fois, et par conséquent, bien plus facile à suivre dans toutes ses phases. Cette méthode nous a servi, il y a quelques années, pour l'analyse des mouvements du vol des Oiseaux [1].

Pour l'analyse délicate d'un mouvement; cette méthode n'est cependant pas suffisante; elle comporte encore les incertitudes inséparables des sen-

---

[1] Voir Marey, le *Vol des Oiseaux*. G. Masson, 1889. Paris.

sations subjectives; elle est donc très inférieure à
la chronophotographie sur plaque fixe qui livre directement (fig. 1 et 7) l'épure géométrique du
mouvement étudié. Or, il est possible de rame-
ner la seconde forme de chronophotographie à
la première, c'est-à-dire de reporter sur une même
surface les images obtenues sur des surfaces différentes. On y arrive, dans certains cas. par la
superposition de clichés transparents, d'autres
fois par une série de décalques successifs, ou
même par une série d'opérations du genre de
celles que F. Galton a nommées *photographies com-
posites*.

Dans un grand nombre de cas. il suffit. pour
rendre les phases du mouvement parfaitement
intelligibles, de disposer les images en série verticale. C'est ce qui a été fait, figure 17, pour les
mouvements du cheval au pas.

Lues de bas en haut, c'est-à-dire dans leur
ordre de succession naturel, ces figures montrent
d'abord que le cheval s'avance graduellement vers
la droite de la figure, et permettent, d'après
l'échelle métrique, d'apprécier la valeur de ce
déplacement pendant chaque dixième de seconde.
Elles montrent aussi, pour chaque membre, les
phases de son changement d'attitude. soit dans la
période d'appui, soit dans celle de lever.

Pour obtenir sur la bande pelliculaire cette
disposition des images en série verticale, il suffit
de coucher l'appareil sur le côté; le déroulement
de la bande pelliculaire et son passage d'une
bobine sur l'autre se font alors dans le sens vertical.

B. *Fréquence des images.* — Suivant la vitesse du mouvement qu'on veut analyser, on doit faire varier la fréquence des images ; il en faut en général une dizaine au moins pendant la durée d'un acte complet pour en faire saisir les phases. Ainsi, pour analyser le coup d'aile d'un oiseau, si cet acte dure 1/5 de seconde, les éclairements et par conséquent les images doivent se suivre à raison de 40 par seconde. Le pas d'un homme, qui est bien plus lent, n'exige qu'une dizaine d'images par seconde. Pour d'autres actes plus lents encore, il faut mettre un plus grand intervalle. Ainsi, une astérie placée à la renverse au fond d'un aquarium met environ 10 minutes à se retourner ; pour suivre les phases du mouvement, il suffit de prendre une image toutes les minutes. Enfin, l'épanouissement d'une fleur, s'il met 10 heures à se produire, permet de laisser 24 minutes d'intervalle entre deux images successives.

La manivelle placée à l'arrière de l'appareil imprime au rouage moteur un mouvement très rapide ; il serait difficile de la tourner assez lentement pour réduire la fréquence des images au-dessous d'une par seconde ; aussi procède-t-on autrement quand on doit mettre un long intervalle entre les éclairements successifs.

L'axe des disques obturateurs se prolonge en avant de l'appareil sous forme d'un carré sur lequel s'adapte la manivelle. Celle-ci, à chacun de ses tours, ne produit plus alors qu'un seul tour du disque ; il est donc très facile de réduire à volonté la fréquence des images, en faisant faire à la manivelle un tour toutes les secondes, toutes les minutes ou toutes les heures.

Dans les cas où les images doivent être prises à de très longs intervalles, au lieu de tourner la manivelle à la main, il vaut mieux confier ce rôle à un rouage auxiliaire qui s'en acquitte parfaitement.

C. *Durée des éclairements*. — La durée des éclairements présente un rapport naturel avec la fréquence des images ; cela résulte de la construction même de l'obturateur. En effet, si le grand disque a un mètre de circonférence, et les fenêtres éclairantes 1 centimètre de diamètre, la coïncidence des fenêtres produira l'éclairement pendant 1/200 environ du tour de disque [1]. Or, à mesure que le disque tournera plus rapidement, cette durée absolue de l'éclairement deviendra plus courte : avec un tour de disque par seconde on aura une image avec pose de 1/200 de seconde ; avec deux tours, deux images avec pose de 1/400 de seconde ; avec dix tours, dix images avec pose de 1/2000 de seconde.

Cette relation naturelle entre la fréquence des images et la durée du temps de pose est en général avantageuse ; mais il est parfois utile de changer ce rapport, dans l'intérêt même des épreuves photographiques ; sans cela elles pourraient avoir des temps de pose trop longs ou insuffisants [2] ; on y arrive en modifiant la largeur des fenêtres.

---

[1] Ces évaluations sont approximatives ; il serait bien difficile de les faire plus exactes, ainsi que l'a montré M. de La Baume-Pluvinel.

[2] Ainsi, dans le cas où l'intervalle des images serait de 24 minutes, si les disques obturateurs tournaient uniformément, la durée de la pose serait de plus de 7 secondes. Il faut alors laisser le rouage arrêté dans l'intervalle des poses, et

D. *Choix des objectifs suivant la nature du sujet qu'on étudie.* — Dans tout appareil photographique, on doit changer d'objectif suivant les dimensions et la distance du sujet dont on prend l'image. Cette nécessité est plus grande encore avec le chronophotographe, car cet instrument s'applique aux études les plus diverses. Tous les objectifs dont on se sert doivent être montés sur une boîte analogue à celle qui est représentée figure 9 et qui permet de les couper à leur partie moyenne pour laisser passer les disques obturateurs au centre même de l'objectif.

Toutefois, une disposition spéciale doit être employée quand la chronophotographie s'applique à l'étude des mouvements dans le champ du microscope. Nous en parlerons ultérieurement à propos des applications spéciales de la méthode.

Dans toutes les circonstances, et quel que soit l'objectif employé, la chronophotographie peut être pratiquée sous ses deux formes, c'est-à-dire sur plaque fixe devant un champ obscur, et sur

---

tourner vivement la manivelle quand on veut produire une image.

A vitesse de rotation égale du disque, la fréquence des images croît et décroît suivant qu'on augmente ou diminue le nombre des fenêtres de l'obturateur; et si ces fenêtres conservent le même diamètre, la durée d'éclairement ne change pas.

Enfin, à égale vitesse de rotation et à fréquence égale des images, on change la durée des éclairements en faisant varier le diamètre des fenêtres. C'est ainsi que pour les mouvements extrêmement rapides comme ceux des ailes des insectes, on doit, au moyen d'un *rideau-fenêtré*, transformer les ouvertures des disques en fentes étroites. Nous avons pu, de cette façon, réduire le temps de pose à 1/25000 de seconde.

pellicule mobile s'il s'agit d'objets se détachant
sur un fond lumineux.

Applications

En définissant la chronophotographie, nous l'a-
vons représentée comme le développement le plus
complet de la Méthode graphique et comme un
précieux moyen pour étudier les phénomènes de
la Nature. Tout phénomène, en effet, consiste en
une série de changements d'état d'un corps sous
l'influence de conditions déterminées ; étudier un
phénomène, c'est observer successivement la série
de ces changements et les comparer entre eux. Est-
il besoin de dire que l'insuffisance de nos sens ou
l'imperfection de notre mémoire rendent bien souvent ces comparaisons défectueuses, sinon impos-
sibles ?

Les appareils inscripteurs ont en partie remédié
aux difficultés de l'observation directe, mais ils ne
sont applicables qu'à des cas relativement simples :
les phénomènes qu'ils traduisent doivent avoir
été préalablement ramenés au cas uniforme du
mouvement d'un point sur une droite.

C'est ainsi que les oscillations de la colonne du
thermomètre ou du baromètre s'inscrivent sous
forme d'une courbe sinueuse qui retrace les changements de hauteur de cette colonne, en fonction du
temps.

La chronophotographie embrasse un champ bien
plus vaste : elle ne traduit pas seulement les mouvements d'un point sur une droite, mais les déplacements de tous les points d'un objet, ou du moins
de tous ceux qui seraient visibles d'un même point

de vue ; elle saisit ces mouvements, quel que soit le sens suivant lequel ils s'effectuent.

Comme les autres formes de la méthode graphique, la chronophotographie suit les phases de phénomènes qui échappent à l'observation par leur lenteur extrême, aussi bien que les actes qui sont très rapides ; mais où sa supériorité éclate, c'est lorsqu'elle s'applique à des mouvements d'une extrême complexité.

Notre méthode, il est vrai, ne donne pas l'expression continue des changements qu'elle retrace, mais les images qu'elle saisit peuvent être si rapprochées les unes des autres qu'on peut toujours, par une interpolation légitime, concevoir les phases intermédiaires à celles qui sont représentées.

Ce qui frappe au premier abord, dans les applications de la chronophotographie, c'est sa puissance pour l'analyse des actes rapides. Lorsqu'on voit que les ailes d'un insecte qui vole sont aussi nettement représentées que si elles étaient immobiles, et quand on sait que, pour obtenir cette netteté des images, il faut réduire la durée de chaque pose à 1/25000 de seconde, on conçoit que, parmi les actes les plus rapides, il doive s'en trouver bien peu qui résistent à la chronophotographie.

On se représente beaucoup moins bien les avantages de cette méthode pour l'analyse des mouvements lents, et pourtant il doit y avoir tout un monde de phénomènes qui nous échappent par leur lenteur. Il est permis d'espérer que nous suivrons un jour, sur des images prises à de très longs intervalles, les déplacements lents des glaciers ou les changements de la configuration géologique

d'un pays; à plus forte raison les phases beaucoup
moins lentes de l'accroissement d'un animal, ou
celles du développement de certains embryons
observés à travers leurs membranes transparentes.
Sur ce sujet le professeur Mach a tracé un curieux
programme d'expériences. Il imagine qu'on ait
recueilli, à des intervalles de temps égaux et pendant une longue suite d'années, les portraits d'un
individu, à partir de sa première enfance jusqu'à
son extrême vieillesse, et qu'on dispose la série
d'images ainsi obtenues dans le phénakisticope de
Plateau; pendant la durée de quelques secondes.
cette série de changements, qui ont mis en réalité
si longtemps à s'accomplir, passera sous les yeux
de l'observateur ; et celui-ci verra, sous forme d'un
mouvement étrange et merveilleux, se dérouler
à ses yeux toutes les phases d'une existence humaine.

Mais revenons aux applications immédiates de
la chronophotographie, et voyons-la aux prises
avec les problèmes habituels des sciences: ce sera
un champ assez vaste; nous ne pourrons guère
que l'effleurer rapidement en commençant par les
différents types de la locomotion animale.

VI. — LOCOMOTION TERRESTRE :
MOUVEMENTS DE L'HOMME ET DES QUADRUPÈDES.

1° *Mouvements de l'homme.* — Dès le XVII° siècle,
Borelli a montré aux physiologistes que les lois de
la mécanique, récemment découvertes par Galilée,
s'appliquaient aux êtres vivants; son analyse des
mouvements des animaux est empreinte d'une
haute sagacité. Toutefois, l'absence de moyens

exacts pour mesurer le temps, l'espace et les forces, n'a pas permis au savant professeur de Naples de résoudre les problèmes si multiples de la Mécanique animale. Au commencement de notre siècle, les frères Weber, disposant d'instruments moins imparfaits, ont donné sur la locomotion de l'homme quelques notions plus exactes ; mais si l'on considère la complexité du sujet, on sent l'insuffisance des moyens d'analyse employés jusqu'ici. La chronophotographie traduit de la façon la plus précise, et dans tous leurs détails, les mouvements de l'homme qui marche, court, saute ou se livre à divers exercices corporels.

A. *Cinématique de la locomotion de l'homme.* — Reportons-nous aux figures qui représentent sur plaques fixes les images successives d'un marcheur et celles d'un coureur. On peut suivre sur ces figures les principales phases des mouvements ; elles expriment, mieux que tout langage, les caractères propres à chaque allure. Aussi, en se guidant sur de pareilles images, est-il facile d'imiter la manière de marcher et de courir du sujet qui a servi de modèle, de reproduire sa façon d'étendre ou de fléchir les jambes, de balancer les bras, de poser le pied sur le sol ou de l'en détacher. Il serait bien plus difficile d'imiter ces mêmes actes en cherchant à les saisir sur le modèle lui-même, car, surtout aux allures vives, les mouvements sont trop rapides et échappent à l'observation.

Cet enseignement par les images s'appliquerait très bien aux différents exercices corporels ; à ce point de vue il serait d'une véritable utilité.

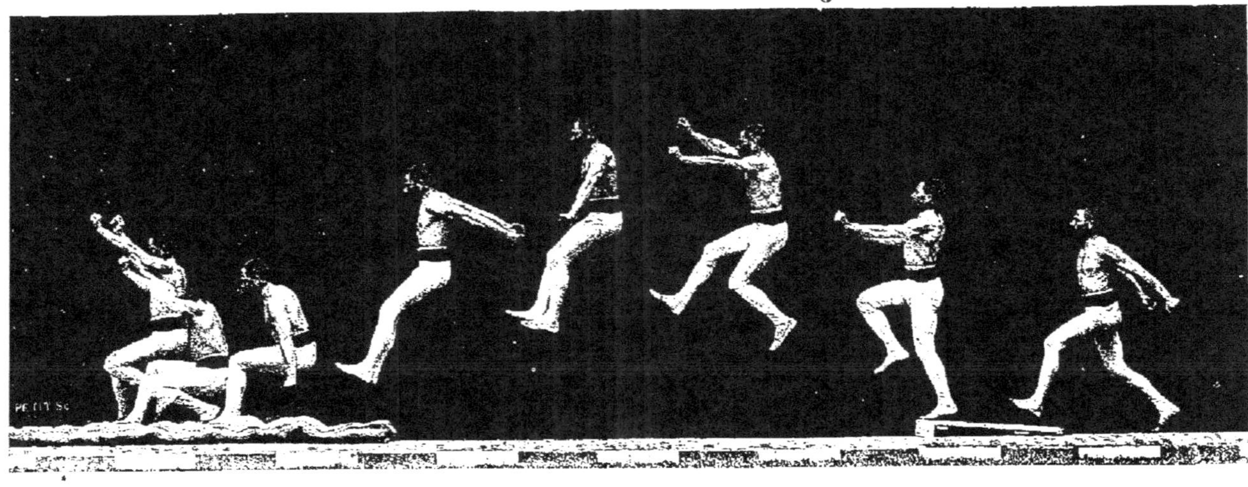

Fig. 18. — Phases successives d'un saut en longueur. Chronophotographie sur plaque fixe.

La figure 18 représente un gymnaste qui exécute un saut en longueur; le nombre des images n'est que de cinq par seconde; cela suffit pour définir la série des actes qui doivent s'accomplir dans un saut de ce genre.

En suivant les images dans leur ordre de succession, on voit que le sauteur acquiert par une course préalable la vitesse qui lui fera franchir un long espace pendant sa période de suspension.

Au moment du saut, la jambe à l'appui s'étend vigoureusement et imprime au corps une impulsion verticale; en même temps les bras s'élèvent, ce qui donne un surcroît d'énergie à l'effort impulsif. Les images successives montrent le sauteur détaché du sol, les bras levés d'abord et les jambes écartées; plus tard les bras s'abaissent et les jambes se rassemblent en se portant de plus en plus en avant, de sorte que les pieds rencontrent le sol par les talons, en avant du centre de gravité du corps, de manière à prévenir une chute sur la face. Enfin, au moment de la chute, les jambes se fléchissent en résistant, pour amortir la force vive dont le corps est animé.

Suivant que cette série d'actes est plus ou moins bien exécutée, l'espace franchi est plus ou moins étendu, et le sauteur retombe plus ou moins bien sur le sol. S'il a mal calculé sa vitesse et s'il n'a pas assez porté les pieds en avant au moment de la chute, il ne pourra rester sur place, mais devra courir pendant quelques pas, jusqu'à ce que cette vitesse soit éteinte.

Pour le saut à la perche, fig. 19, il n'est pas moins facile d'en suivre les phases successives. Le coureur

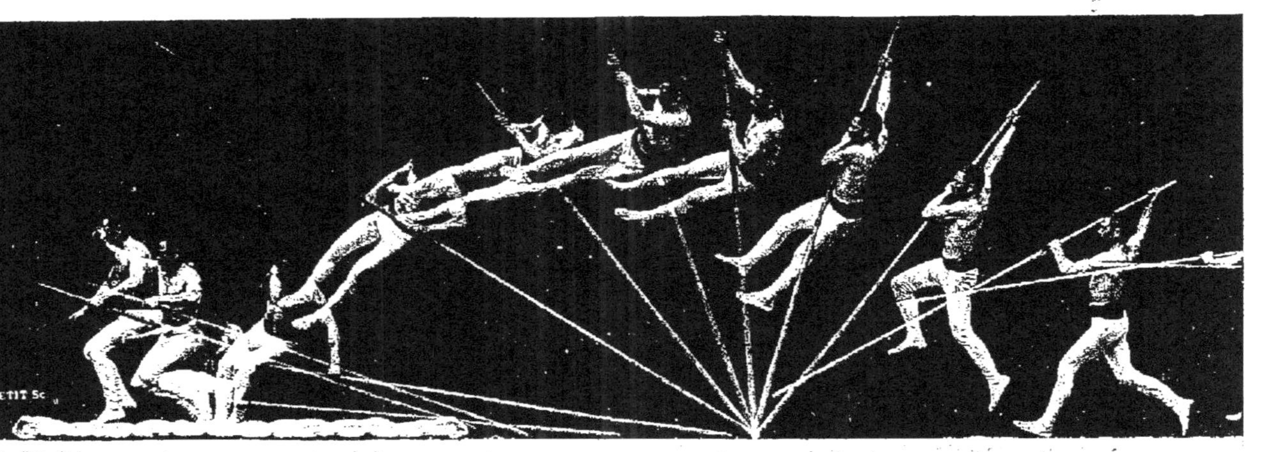

Fig. 19. — Phases successives d'un saut à la perche. Chronophotographie sur plaque fixe.

fiche en terre l'extrémité de sa perche, en même temps qu'il s'enlève du sol par une vigoureuse extension de la jambe. L'action combinée de cette impulsion verticale et de la vitesse horizontale fait que le corps décrit un arc de cercle dont la perche est le rayon. En continuant à suivre cette courbe, le corps retomberait au delà du centre du mouvement, à une distance égale à celle du point de départ ; mais un artifice intervient qui permet à un bon sauteur d'augmenter beaucoup l'espace qu'il franchit. Cela consiste d'abord à allonger le rayon du cercle parcouru, en grimpant vers le haut de la perche au moment où elle passe par la verticale, puis à incliner le corps dans une direction presque horizontale, c'est-à-dire normale au rayon du cercle parcouru. Le sauteur retombe ainsi naturellement sur les pieds à une distance beaucoup plus grande que celle d'où il était parti.

Ainsi, dans le saut à la perche, l'impulsion initiale n'est pas, comme dans le saut en longueur, la force unique d'où dépend l'étendue du saut, mais cette distance peut être accrue par les actes que le sauteur exécute, en prenant son point d'appui sur la perche, pendant qu'il est en l'air.

Pour une étude plus détaillée des mouvements exécutés dans un exercice corporel, il faudrait recourir à ces photographies partielles dont nous avons déjà donné un exemple à propos de la marche de l'homme. Ainsi, un homme revêtu de velours noir et portant sur les bras et les jambes des lignes brillantes, donne la fig. 20, pour un saut en hauteur précédé d'une course. Ici toutes les phases du mouvement s'échelonnent sans transition brusque, à cause du grand nombre d'images (25 par seconde) prises pendant la durée du saut.

Afin de rendre plus instructives les chronophotographies du mouvement, il faudrait que ces images fussent prises sur les sujets les plus forts et les plus habiles, sur les lauréats des concours de gymnastique par exemple. Ces sujets d'élite livreraient ainsi le secret de leur habileté inconsciemment acquise et qu'ils seraient sans doute incapables de définir eux-mêmes.

La même méthode se prêterait également bien à l'enseignement des mouvements qu'on doit exécuter dans les différents travaux professionnels ; ils feraient voir en quoi le coup de marteau d'un forgeron habile diffère de celui d'un apprenti. Il en serait ainsi pour tous les actes manuels, pour tous les genres de sport. Ainsi, sur des séries de figures recueillies sur bandes pelliculaires en mouvement, on suit très bien la série des mouvements d'un homme qui monte sur son vélocipède ou qui en descend. Recueillies sous cette dernière forme, les images chronophotographiques peuvent être examinées avec le zootrope, ce qui en rend l'étude encore plus facile et plus précise.

B. *Étude dynamique des mouvements de l'homme.* — Sur la plupart des figures que nous venons de passer en revue, les variations de vitesse du corps se traduisent par des différences d'espace parcouru entre deux images consécutives, c'est-à-dire dans des temps égaux ; on peut donc apprécier les accélérations et les ralentissements de la masse du corps. Or, comme la balance nous fait connaître

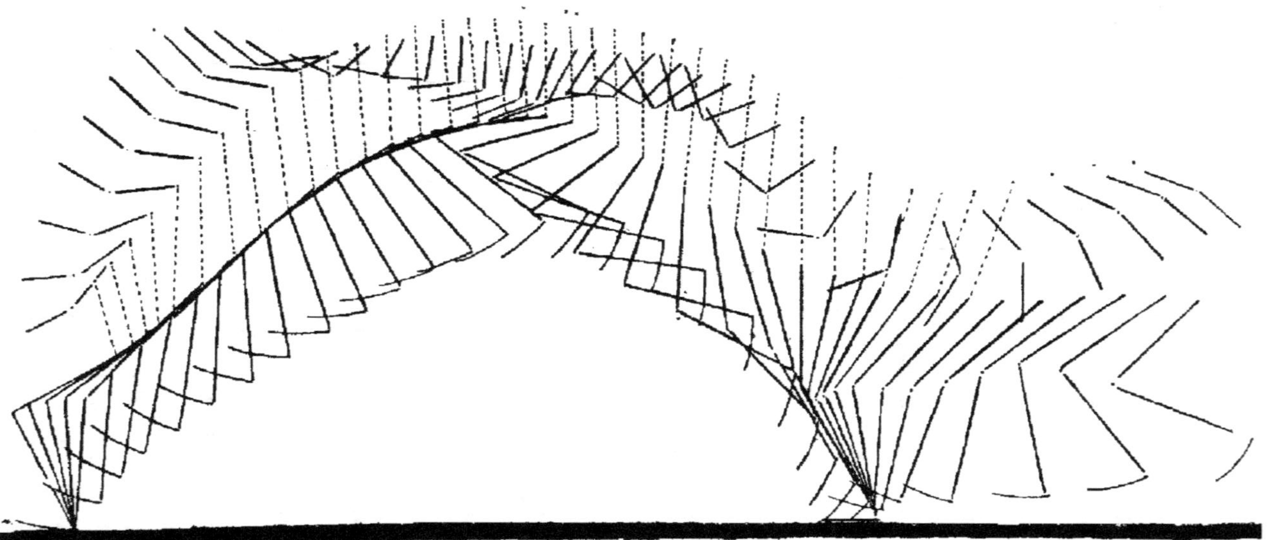

Fig. 20. — Analyse des phases d'un saut en hauteur, précédé d'une course. Des images partielles, lignes brillantes sur un vêtement sombre, sont recueillies sur plaque fixe (25 images par seconde).

cette masse, les chronophotographies sur plaque fixe renferment les éléments nécessaires pour apprécier les forces mises en jeu dans la locomotion de l'homme, puisque ces forces sont proportionnelles aux masses en mouvement et aux accélérations qu'elles leur impriment. Mais, en pratique, il est assez délicat de déterminer la position de la masse, c'est-à-dire du centre de gravité du corps, aux différentes phases d'un mouvement; en revanche il est possible, dans certains cas, d'obtenir une détermination expérimentale des forces mises en jeu. Cela s'obtient en combinant les indications d'un dynamomètre inscripteur avec celles de la chronophotographie. L'exemple suivant fera saisir cette combinaison.

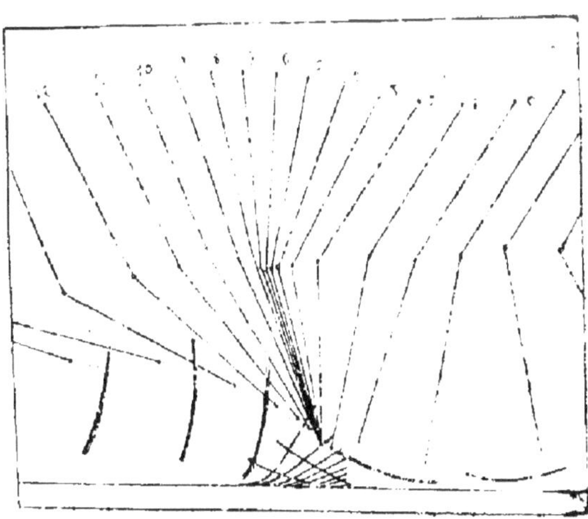

Fig. 21. — Chronophotographie partielle des mouvements du membre inférieur de l'homme dans la marche.

Supposons que nous désirions connaître la force avec laquelle le pied presse le sol aux différentes instants de sa période d'appui : nous recueillons en même temps les photographies partielles de la jambe pendant un demi pas (fig. 21) et d'autre part le tracé du dynamomètre enregistreur de la pression du pied (fig. 22).

Il s'agit, pour résoudre le problème que nous venons de nous poser, d'établir les coïncidences entre chacune des images chronophotographiques et l'ordonnée qui lui correspondrait dans la courbe du dynamographe. A cet effet, comptons sur la figure 21 combien d'images correspondent à la période d'appui du pied ; nous en trouvons 12. Il est clair que le tracé dynamographique, pris dans toute sa longueur, correspond à la durée des douze attitudes de la jambe à l'appui ; si donc nous divisons l'abscisse de cette courbe en douze parties égales et si nous traçons les ordonnées correspon-

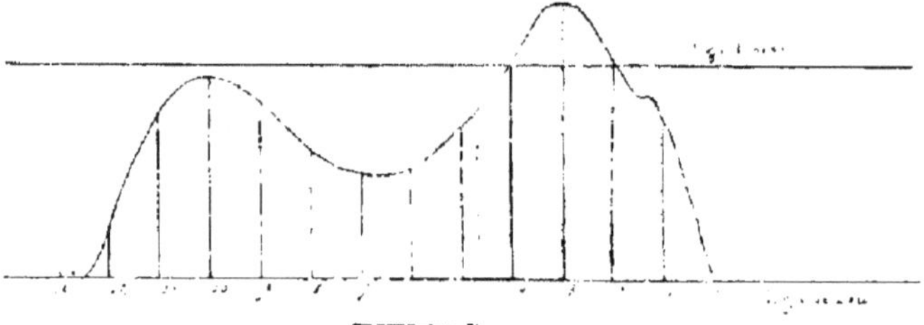

Fig. 22. — Tracé du dynamographe exprimant les phases de la pression du pied sur le sol dans la marche.

dant à ces douze divisions, chacune d'elles exprimera l'effort vertical exercé contre le sol pendant l'attitude correspondante de la jambe à l'appui. Des numéros d'ordre tracés sur chacune des deux figures en facilitent la comparaison.

Nous n'entrerons pas dans le détail des différents problèmes de Mécanique animale qu'on peut résoudre ainsi. Nous avons fait sur ce sujet de nombreuses expériences avec le concours de M. Demeny, notre préparateur à la Station physiologique [1].

2° *Locomotion des quadrupèdes*. — De tous les animaux quadrupèdes, c'est le cheval qui est le mieux connu au point de vue de la locomotion. Depuis longtemps des hommes spéciaux se sont appliqués à étudier ses allures, franches ou défectueuses, et à définir les caractères de chacune d'elles; ils ont ainsi acquis une habileté surprenante dans l'observation. Mais, si précis que soit le coup d'œil d'un homme exercé, il est encore insuffisant : nous n'en

---

[1] Cet établissement, créé au Parc des Princes, grâce au concours de l'Etat et du Conseil municipal de la Ville de Paris, se prête à ce genre d'études qu'on ne saurait réaliser dans les laboratoires ordinaires. C'est un champ d'expériences comme il n'en existe encore nulle part : on y trouve une longue piste circulaire, parfaitement horizontale, de 500 mètres de circuit, sur laquelle l'homme et les grands animaux peuvent être étudiés dans leurs allures normales. Un champ obscur, de 11 mètres de largeur sur 4 de hauteur, permet d'appliquer la chronophotographie sur plaque fixe à l'analyse de mouvements très étendus. Un champ uniformément éclairé et de pareille surface se prête à la chronophotographie sur pellicule mobile; des dynamomètres inscripteurs, des spiromètres, des compteurs de pas, des appareils divers pour la mensuration des sujets en expérience sont destinés aux études sur la locomotion de l'homme. D'autre part, des pneumographes, sphygmographes et cardiographes permettent de saisir les effets des exercices physiques sur les fonctions de la vie organique et de suivre pas à pas les progrès de l'entraînement des sujets. Enfin, des espaces spéciaux servent à élever en liberté les différentes espèces d'animaux dont on veut étudier la locomotion, normale ou modifiée.

voulons pour preuve que les incertitudes et les di-
vergences d'opinion des différents auteurs sur les
caractères et le mécanisme des allures de cheval. Nous croyons avoir rendu à cet égard un
service en appliquant à l'analyse des allures du
cheval et au mécanisme des transitions d'une allure à une autre, la chronographie [1] d'abord, qui
traduit avec une grande précision la succession des
appuis et levés des pieds à toute allure. Mais c'est
surtout la chronophotographie [2] qui a donné la
connaissance complète des allures du cheval, déjà
bien éclairées par les mémorables expériences de
M. Muybridge.

Et pourtant il reste encore bien des points à élu-
cider relativement au mécanisme des actions du
cheval, ainsi que des réactions qu'elles impriment à
la masse du corps et à celle de son cavalier; enfin
à la mesure des efforts exercés sur le sol aux différents instants. Ici interviendra la chronophotographie sur plaque fixe combinée à l'emploi des
dynamomètres inscripteurs.

On vient de voir (fig. 21 et 22), à propos de la locomotion humaine, les précieux renseignements que
donne la combinaison de ces deux méthodes pour
étudier cette fonction au point de vue dynamique.
On arrivera sans doute à déterminer la manière dont
les forces du cheval doivent être appliquées pour
produire le maximum d'effet utile, ce qui est le
but pratique de ce genre d'études.

---

[1] *Les allures du cheval étudiées par la Méthode graphique.*
C. R. de l'Acad. des sciences. 4 nov. 1872.

[2] *Analyse cinématique des allures du cheval.* Marey et Pagès
C. R. 12 sept. 1885. — Ibid. 27 sept. 1888.

3° *Locomotion comparée chez les différents mammi-fères*. — On sait que l'homme et les autres mammifères présentent entre eux des analogies manifestes au point de vue de leur conformation générale. Les membres inférieurs de l'homme correspondent aux membres postérieurs des quadrupèdes, et dans toute la série des mammifères on peut reconnaître dans ces membres des pièces homologues, osseuses ou musculaires, qui ne diffèrent, d'une espèce à l'autre, que par leurs proportions relatives, leur développement inégal, la fusion, l'atrophie ou la déformation de certaines d'entre elles.

Or, si l'anatomie comparée signale, dans la conformation des diverses espèces d'animaux, ces analogies et ces différences de structure, c'est la physiologie comparée qui devra les expliquer.

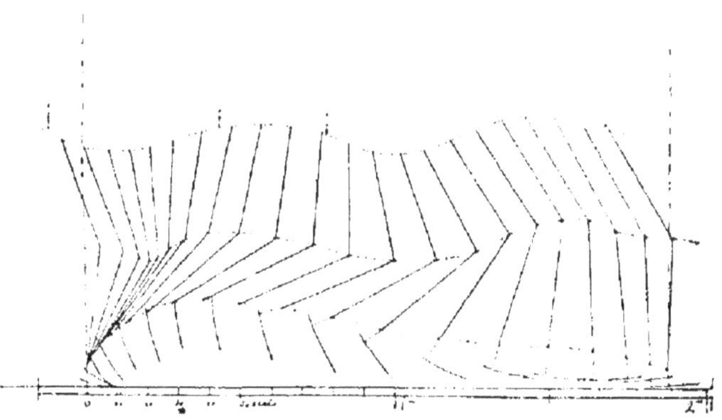

Fig. 23. — Mouvements des divers rayons du membre inférieur de l'homme dans un pas de marche.

La chronophotographie montre clairement comment se comportent, dans la marche, les différents segments des membres homologues de divers animaux. Les figures 23, 24, 25, chronophotographies partielles sur plaques fixes, représentent, réduits à peu près à la même échelle, les déplace-

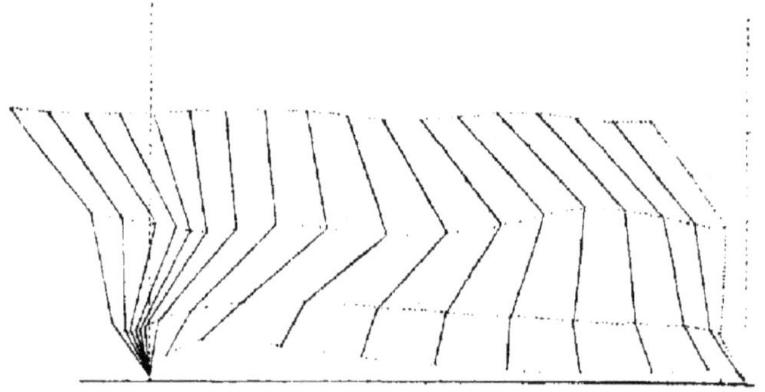

Fig. 24. — Mouvement du membre postérieur de l'éléphant.

ments des divers segments du membre postérieur pendant un demi-pas de marche, chez l'Homme, l'Éléphant et le Cheval. Elle montre qu'un même

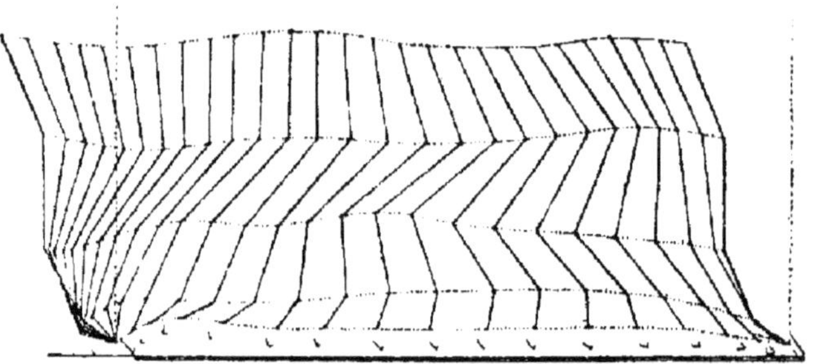

Fig. 25. — Mouvement du membre postérieur du cheval.

rayon osseux a des mouvements différents chez deux espèces différentes, c'est-à-dire qu'il prend une part inégale aux flexions et extensions alter-

natives du membre. On conçoit alors pourquoi les
muscles chargés de mouvoir ces rayons osseux
présentent chez les divers animaux des différences de longueur et de volume en rapport avec
les mouvements qu'ils produisent. C'est en ana-
lysant de cette manière les types de locomotion
propres à un très grand nombre d'espèces ani-
males qu'on aura les éléments nécessaires pour
saisir les rapports qui existent entre la forme des
organes et les caractères de la fonction qu'ils ac-
complissent [1].

Et si l'on revient alors à l'étude de l'homme,
combien plus clairement n'apparaitra pas la signi-
fication des particularités individuelles dans la
conformation du corps !

Les variétés dans la longueur des rayons osseux
des membres ou dans le développement de certains muscles, qui s'accentuent si fortement quand
on compare entre elles différentes races d'hommes,
rapprochent chaque type humain de quelque
espèce animale qui présente à un haut degré des
caractères analogues. Si, par exemple, par le développement des gastrocnémiens ou par celui des
muscles extenseurs de la cuisse, un homme se rapproche des animaux sauteurs, on en pourra con-
clure, avec quelque vraisemblance, qu'il présente
pour le saut des aptitudes spéciales, et ainsi du
reste.

Ici encore s'ouvre un vaste champ à explorer ;
nous y convions les zoologistes qui pensent que

---

[1] Voir Marey. *Recherches expérimentales sur la morpholo-
gie des muscles*. C. R. 12 Sept. 1887.

la comparaison des êtres vivants, au point de vue morphologique, doit s'éclairer par celle de leurs aptitudes fonctionnelles.

VII. — APPLICATION AUX BEAUX-ARTS

Dans les arts, le document photographique a déjà rendu des services réels : certains maîtres l'acceptent ouvertement; beaucoup d'artistes l'utilisent, ainsi qu'on peut s'en assurer en comparant les œuvres les plus récentes à celles qui datent de quelques années à peine. C'est la photographie instantanée surtout qui a exercé une influence sensible sur les arts, en permettant de fixer en une image authentique les attitudes de l'homme ou des animaux dans leurs mouvements les plus rapides.

Nous ne sommes pas qualifié pour parler ici d'esthétique, encore moins pour discuter la question de savoir si l'art a le droit de représenter les actions violentes, ou s'il doit se restreindre aux attitudes paisibles dont les caractères et les expressions sont plus faciles à saisir sur le modèle vivant.

Mais, si l'on s'en tient aux faits, il est incontestable que, dans l'antiquité aussi bien que de nos jours, les artistes ont maintes fois représenté le mouvement, même dans ses actions les plus rapides, telles que la course et le combat. Or, si l'on compare les œuvres les plus anciennes à celles d'époques plus récentes, on est frappé de cette différence, que chez les modernes les attitudes sont plus calmes, plus équilibrées, pour ainsi dire, tandis que dans l'art antique, les figures sont parfois franchement hors d'aplomb. La figure 26 empruntée à l'art grec présente nettement ce caractère.

Chacun a gardé le souvenir de quelque œuvre moderne représentant un sujet analogue. En sculp-

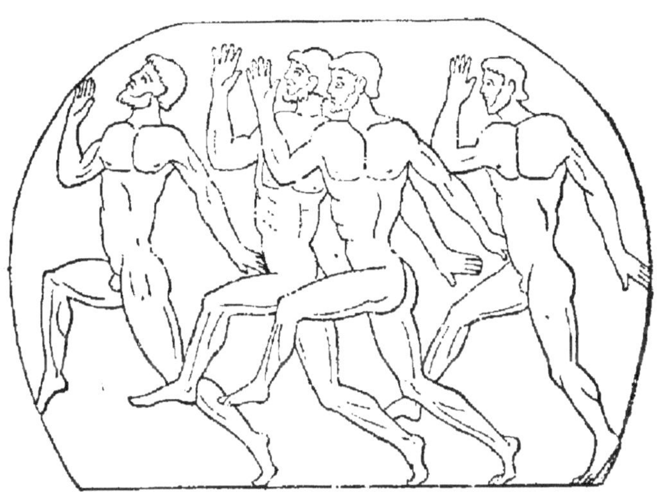

Fig. 26. — Ocydromes ou coureurs de vitesse : décoration d'un vase panathénaïque.

ture surtout, les coureurs sont tout autrement représentés : la jambe qui soutient le corps s'y voit ordinairement verticalement étendue au-dessous du centre de gravité du corps.

Entre ces deux manières de représenter le même acte, la course, il ne saurait être interdit de prendre pour arbitre la Nature elle-même et de demander à la photographie instantanée de montrer les vrais attitudes d'un coureur.

La réponse n'est pas douteuse : la figure 27, par exemple, montre qu'un homme qui court offre, à

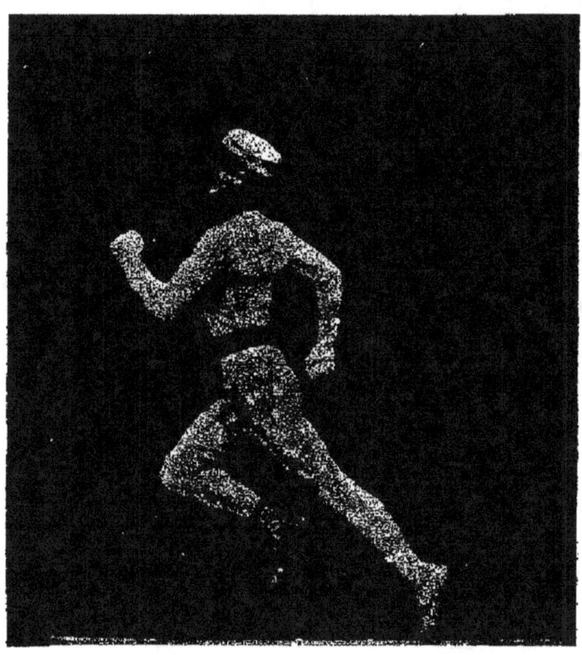

Fig. 27. — Photographie instantanée d'un coureur; la position des jambes est la même que sur la dernière image à gauche de la figure précédente.

certains moments, l'aspect représenté dans les plus anciennes peintures [1].

On pourrait démontrer que le coureur ne se pré-

---

[1] Le groupe représenté sur le vase grec présente toutefois quelque chose de fort singulier dans les allures des coureurs. On sait que, dans toutes ses allures, l'homme déplace en sens inverse le bras et la jambe du même côté ; les mouvements du bras et de la jambe correspondants sont, comme on dit, associés diagonalement. Or, sur le vase dont nous reproduisons

seule jamais dans la position adoptée par certains
artistes modernes qui semblent avoir oublié que le
caractère de la course, et celui de la marche elle-
même est une perpétuelle instabilité.

Nous ne nous arrêterons pas sur ces réflexions.
En critiquant sur des points de détail des œuvres
qui d'ailleurs ont une valeur réelle, nous crain-
drions l'avertissement :

Ne sutor ultra crepidam.

Faisons remarquer seulement que, dans l'infinie
variété des attitudes que montre la chronophotographie suivant les phases d'un mouvement, il en est
certainement plusieurs que lesartistes pourraient
accepter sans enfreindre les lois de l'esthétique ;
cela donnerait à la représentation de ces mouvements une variété intéressante (fig. 28.). Ils
trouveraient aussi dans ces images l'expression
fidèle de l'action des muscles dont les reliefs va-
riables, visibles sous la peau, traduisent les contractions et les relâchements. Or, ces deux états
opposés des muscles sont liés par des rapports nécessaires avec chaque phase du mouvement qu'ils
produisent.

Ces reliefs des muscles en action ont pour ainsi

---

les figures, on voit partout que le bras et la jambe du même
côté se meuvent dans le même sens ; cette allure, qui rappelle
celle de l'amble des quadrupèdes, était-elle vraiment pratiquée
dans les courses du stade ? Est-elle due à une erreur de l'ar-
tisan qui a décoré le vase ? Nous ne saurions trancher cette
question. Cette manière de courir s'éloigne entièrement de
nos habitudes modernes ; elle ne semble toutefois pas impossible au point de vue physiologique. Le sujet mérite d'être
étudié.

dire une physionomie propre, une expression
pareille à celle que nous savons reconnaître sur
les muscles d'un visage. Et si les données les plus

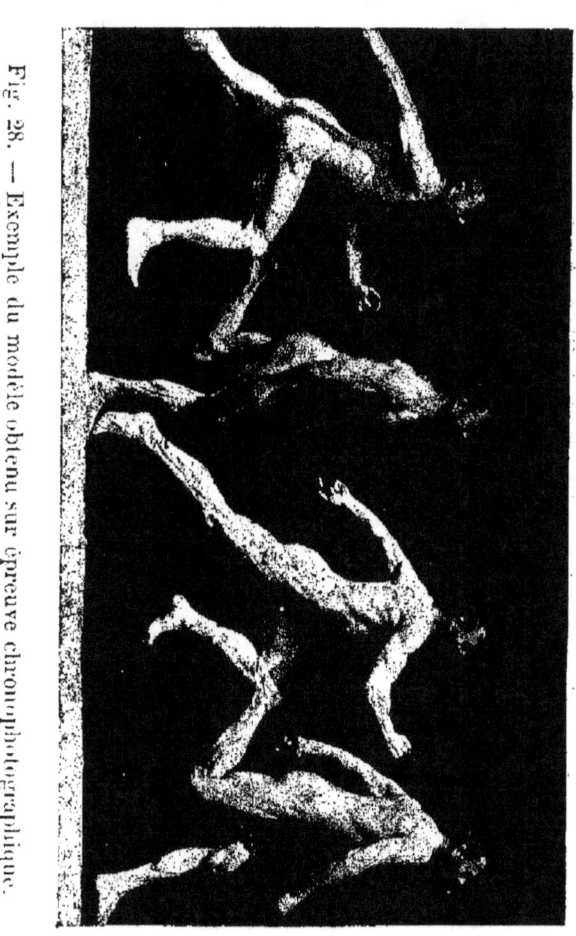

Fig. 28. — Exemple du modèle obtenu sur épreuve chronophotographique.

subtiles de la physiologie pouvaient trouver leurs
applications dans l'art, on pourrait dire que le
modelé d'un membre ne traduit pas seulement

l'acte qui s'exécute, mais permet jusqu'à un
certain point, de prévoir les actes qui vont suivre.
D'intéressantes observations de M. Demeny sur les
images chronophotographiques montrent que l'extension d'un bras qui frappe, si elle doit s'achever

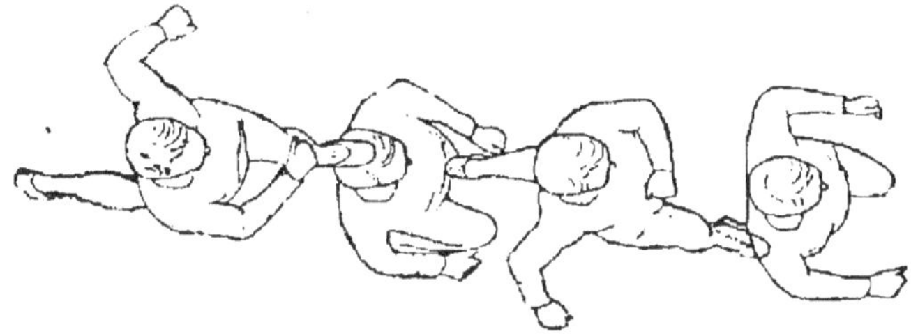

Fig 29. — Coureur chronophotographié d'un lieu élevé
en projection horizontale.

complètement, s'accompagne du relâchement complet des muscles fléchisseurs ; ces muscles au contraire entrent en jeu pendant l'extension même,
si ce mouvement doit être borné : si, par exemple,
l'homme qui frappe veut retenir tout à l'heure le
coup qu'il porte actuellement.

En prenant d'un lieu élevé les images chronophotographiques d'un homme en mouvement
(fig. 29), on a la projection, sur un plan horizontal.
tous les contours de son corps. Ce document, de
même que ceux que fourniraient des images analogues prises sous différents angles, serait sans
doute fort utile aux statuaires [1].

Enfin, les mouvements du visage étudiés par la

[1] Depuis longtemps déjà, on a proposé sous le nom de
photosculpture un procédé pour reproduire mécaniquement
les formes générales d'un individu. On place le sujet au
centre d'un cercle sur la circonférence duquel une série d'appareils photographiques sont disposés. Chacun de ces appareils prend, au même moment, une image du sujet qui se trouve

chronophotographie présentent un grand intérêt, car on en peut saisir les nuances les plus délicates. Dans une série d'images recueillies sur pellicule mobile, on peut suivre, par exemple, toutes les nuances qui établissent la transition entre un sourire à peine perceptible et l'éclat de rire le plus franc.

De récentes expériences de M. Demeny montrent même que les actes de la parole sont traduits si fidèlement, que des sourds-muets, habitués par des exercices spéciaux à lire sur les lèvres les paroles prononcées, ont pu, d'après les images chronophotographiques, reconstituer les mots que le modèle avait articulés pendant la prise de ces images.

Représentation artistique du cheval. — C'est en étudiant consciencieusement la Nature que nos peintres et nos sculpteurs ont atteint une grande habileté dans la représentation du cheval. Pour ne citer qu'un des plus illustres, Meissonier n'avait pas reculé devant les plus laborieuses études. Assis au centre d'un manège que faisait tourner un cheval et ayant ainsi toujours l'animal devant lui, il dessinait, à une phase constante de l'allure, la position d'un membre, puis d'un second, puis l'ensemble. C'est ainsi qu'il était arrivé à cette fidélité

---

ainsi représenté sous des angles différents. Chacune de ces images, agrandie à l'échelle convenable et appliquée sur une lame de métal, est ensuite transformée en un sorte de gabarrit. En faisant passer la matière plastique successivement par chacun de ces gabarrits présenté sous l'angle qui lui correspond, on obtient une maquette extrêmement précise au point de vue de l'attitude et à laquelle la sculpture donnera le modelé définitif.

parfaite qu'on admire dans ses représentations du cheval au pas, au trot et à certaines phases du galop.

Aussi est-ce avec enthousiasme que Meissonier accueillit les belles séries de photographies instantanées de Muybridge dont les peintres se sont depuis lors fréquemment inspirés. Sur les albums de M. Muybridge, le document authentique est livré à l'artiste avec une facilité singulière; les images, bien qu'obtenues avec des appareils multiples, ne sont pas sensiblement affectées par la différence de perspective, parce que les appareils pouvaient être placés à une assez grande distance pour rendre ce défaut peu sensible.

La chronophotographie sur bande pelliculaire en mouvement donne des images plus nettes encore, à cause de l'extrême brièveté du temps de pose que seuls peuvent donner les obturateurs rotatifs.

Une chronophotographie représentant un cheval au petit galop, a été prise devant un champ obscur et sur un cheval blanc. Ces conditions n'étaient pas indispensables, puisqu'on peut également opérer sur un fond lumineux; mais elles donnent aux images un modelé qui fait mieux ressortir les reliefs des muscles, des tendons, des veines même de la peau.

Parmi les attitudes représentées, il en est une, qu'on rencontre fréquemment dans les frises du Parthénon; mais on en trouve d'autres aussi que l'art n'avait pas encore représentées. Ces dernières seraient-elles défectueuses au point de vue artistique? Nous croyons bien plutôt qu'elles n'avaient pas encore été aperçues par les artistes, et que si elles paraissent tout d'abord un peu étranges, c'est précisément par ce que nous ne sommes pas encore habitués à les voir représentées.

VIII. — LOCOMOTION AQUATIQUE

Les animaux terrestres trouvent sur le sol un point d'appui solide ; chez eux, les différents types de locomotion se rattachent toujours au mécanisme suivant : Un effort plus ou moins brusque des membres tend à repousser le sol dans un sens, et le corps de l'animal en sens inverse ; or, comme le sol présente une résistance à peu près absolue, c'est sur le corps de l'animal que se produit tout l'effet de l'action musculaire.

Toute autre est la locomotion des animaux aquatiques. Pour eux, le point d'appui est un liquide qui se déplace et consomme, en pure perte, une partie plus ou moins grande du travail musculaire dépensé.

Tous les genres de propulseurs que l'homme croit avoir imaginés pour naviguer : voiles, rames, godilles se trouvent à un haut degré de perfection dans les organes locomoteurs des animaux aquatiques. Et si l'hélice, en tant que mouvement rotatif, ne s'observe pas dans la nature organisée, du moins y trouve-t-on certains mouvements ondulatoires du corps ou de la queue des poissons qui, au point de vue de leur fonction, ont certaines analogies avec l'action de l'hélice.

En outre, les animaux aquatiques présentent de nombreux moyens de propulsion que l'homme n'a jamais employés et dont l'imitation pourra être tentée avec avantage.

Sans prétendre faire l'énumération complète des divers modes de progression qu'on observe chez les êtres aquatiques on peut citer les suivants :

Progression par réaction, lorsqu'un jet de liquide est projeté par l'animal : poulpe, méduse, larves de certains insectes, mollusques bivalves.

Progression au moyen d'organes qui trouvent une résistance inégale dans les deux phases de leur mouvement : comatules, crustacés, etc.

Progression par l'effet d'une onde qui se propage le long du corps en sens inverse de la translation de l'animal : anguille et poissons allongés.

Progression par chocs alternatifs d'une palette flexible : carinaria, nageoire caudale de la plupart des poissons.

C'est l'invention de l'aquarium qui a permis d'étudier les différents types de la locomotion aquatique. Mais ici, comme pour les autres mouvements des animaux, l'œil est souvent incapable de suivre les phases de ces actes rapides et compliqués. Voici ce que nous ont donné les premières tentatives d'application de la chronophotographie à ce sujet encore bien peu connu.

Les manières d'opérer varient beaucoup suivant les circonstances.

Dans les cas les plus simples, on braque l'objectif sur un aquarium transparent enchâssé dans l'épaisseur de la paroi d'une chambre ; un réflecteur de toile blanche, convenablement incliné et recevant la lumière solaire, forme un fond lumineux sur lequel les animaux se détachent en silhouette.

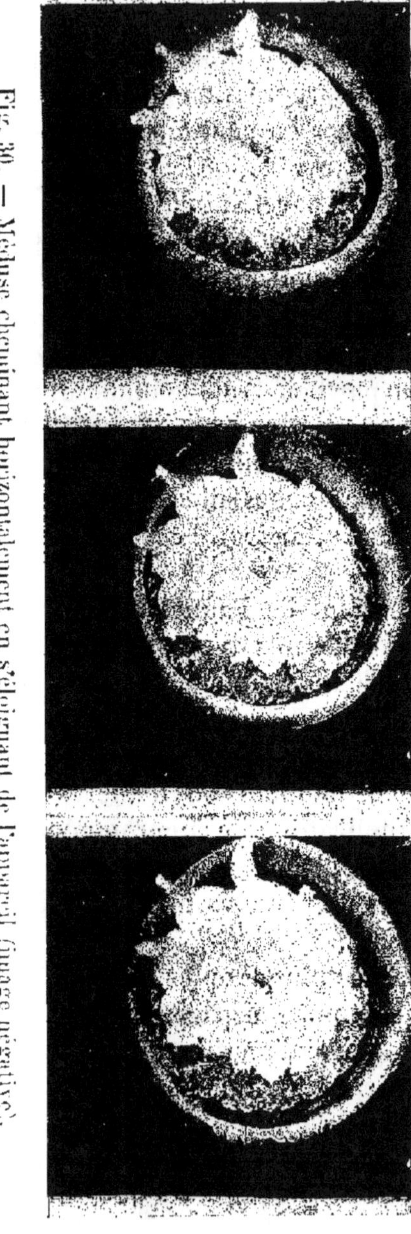

Fig. 30. — Méduse cheminant horizontalement en s'éloignant de l'appareil (image négative).

On recueille une série d'images sur pellicule mobile et l'on obtient la suite des attitudes qui correspondent aux phases successives du mouvement qu'on voulait connaitre. La plus grande difficulté consiste à obliger l'animal à se mouvoir dans un espace restreint, afin qu'il ne sorte pas du champ qui projette son image sur la plaque sensible.

Après avoir tracé sur la paroi de l'aquarium quatre lignes qui limitent l'espace visible dans les images, on guette l'instant où l'animal traverse ce champ. Pour peu que ce passage ne dure pas moins d'une seconde, il est facile de recueillir une série de 20 ou 30 images; cela suffit en général pour saisir les phases du mouvement[1].

La *méduse* (fig. 30) est assez facile à étudier; la transparence de ses organes fait que la silhouette montre quelques détails des organes intérieurs.

Au moyen d'une baguette plongée dans l'aquarium, on amène la méduse dans le champ sur lequel l'objectif est braqué; on la voit alors exécuter des contractions et des relâchements alternatifs de son ombrelle; ces mouvements chassent, à chaque fois, un certain volume d'eau et, par la réaction, propulsent l'animal en sens inverse. Si la méduse est verticalement orientée, la propulsion se fait de bas en haut et l'animal s'élève; si elle est inclinée horizontalement, la propulsion se fait dans le sens horizontal : c'est ce qui a lieu fig. 30; la méduse nageait en s'éloignant de l'ob-

---

[1] Comme les dimensions d'une page ne permettent pas de représenter des séries aussi longues, nous ne pourrons donner ici que quelques spécimens incomplets de ces images.

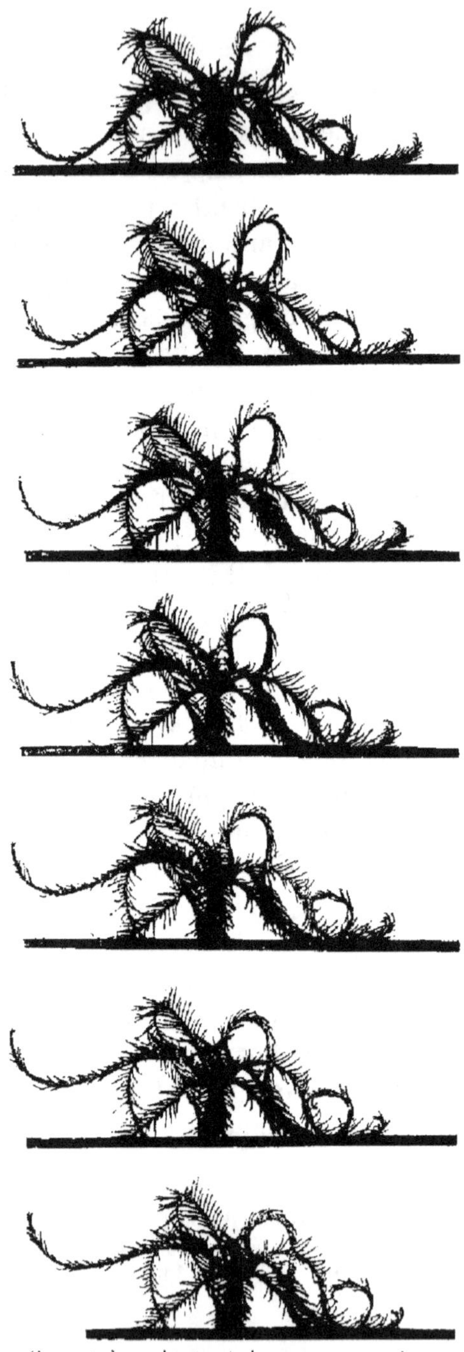

Fig. 34. — Comatule exécutant des mouvements pour s'élever
au-dessus du fond de l'aquarium. La succession des images
se lit de bas en haut.

servateur. Cette disposition permet de voir comment les franges qui bordent l'ombrelle se retournent tour à tour en dedans ou en dehors suivant les mouvements de l'eau aspirée et refoulée alternativement.

La *comatule* (fig. 31) présente un mode de locomotion fort curieux. Généralement fixée sur quelque appui solide, comme une fleur sur la branche qui la porte, elle exécute avec ses bras des mouvements obscurs et très lents ; mais si on la détache de son point d'appui, et si on l'irrite au moyen d'une baguette, on la voit, au bout d'un certain temps, agiter

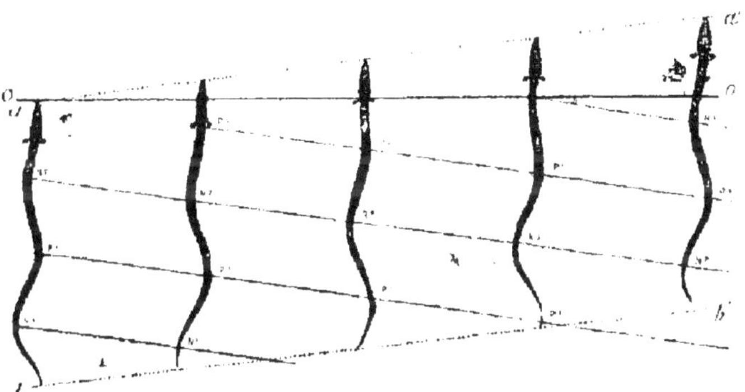

Fig. 32. — Anguille se déplaçant dans un plan horizontal. Une ligne horizontale *oo* sert de repère pour apprécier l'obliquité des lignes qui joignent les ventres et les nœuds des ondes formées par le corps, ainsi que la vitesse de progression de l'animal, exprimée par l'obliquité de la ligne *oo*.

ses bras d'un mouvement rapide qui a pour effet de transporter l'animal loin des contacts importuns. De même que pour la méduse, la translation a lieu dans le sens de l'axe du corps : si la comatule incline obliquement son calice, elle se transporte obliquement. Dans le cas représenté ci-contre (fig. 31) l'animal cherchait à s'élever du fond de l'aquarium.

Voici le mécanisme de la propulsion. Les bras de la comatule sont au nombre de 10; il y en a toujours cinq qui s'élèvent et cinq qui s'abaissent. Deux bras consécutifs sont animés de mouvements contraires; ceux qui s'élèvent se rapprochent de l'axe du corps, ceux qui descendent s'en éloignent. Enfin, pendant la phase d'élévation de chaque membre, les cirres sont invisibles, accolées qu'elles sont par la résistance de l'eau sur le bras auquel elles s'implantent; dans la phase descendante, au contraire, ces cirres s'écartent, et trouvent sur l'eau une résistance qui sert de point d'appui pour la locomotion de l'animal.

L'*anguille* (fig. 32), et les poissons qui ont une structure analogue, progressent par l'effet d'un mouvement d'ondulation du corps; cette onde se propage de la tête à la queue. Il nous a semblé que ces poissons, lorsqu'ils veulent reculer, donnent à leur mouvement onduleux une direction contraire, c'est-à-dire que l'onde chemine de la queue à la tête. Mais ce mouvement est difficile à provoquer et nous n'avons pas encore pu le fixer par la chronophotographie. C'est l'onde rétrograde produisant la progression de l'animal qui, dans la figure 32, est représentée en projection horizontale. Les distances entre les images étant égales et correspondant à des intervalles de temps égaux, 1/10 de seconde, il est facile, au moyen d'une construction fort simple, d'apprécier la vitesse de l'onde et celle de l'anguille elle-même.

Une ligne horizontale *o o* représente, sur toutes

les images, la position où se trouverait l'extrémité antérieure de la tête si l'anguille n'avait pas progressé ; or, on voit qu'à la cinquième image comptée de gauche à droite, c'est-à-dire au bout d'une demi-seconde, l'anguille a progressé de plus du quart de sa longueur, soit environ 0^m75, ce qui donnerait 15 centimètres à la seconde.

D'autre part les lignes p^1, p^2,... n^1 n^2...., qui joignent entre eux les ventres et les nœuds d'une même onde dans la série des images ont, par rapport à la ligne *oo*, une obliquité qui exprime la vitesse de ces ondes et permet de la mesurer. Il résulte de cette mesure, que la marche de l'onde d'avant en arrière est un peu plus rapide que la progression de l'animal ; il y aurait donc ici, comme dans l'action de l'hélice d'un navire, un léger *recul* qui tient à la mobilité du point d'appui.

Nous avons étudié de la même manière la reptation de diverses espèces de serpents, soit sur terre, soit dans l'eau ; la reptation des uns et la natation des autres présentent de grandes analogies avec la natation de l'anguille, mais nous n'y avons pas trouvé la même régularité des mouvements.

Les *tortues* d'eau offrent différents modes de natation : tantôt c'est une sorte d'allure quadrupède avec association diagonale du mouvement des membres, comme dans le trot d'un animal. Chez les espèces exclusivement marines, les pattes affectent la forme de nageoires, ou mieux d'ailes rudimentaires, et les mouvements des membres antérieurs sont parfois symétriques comme ceux des ailes d'un oiseau. Il en résulte une espèce de vol dans l'eau analogue à celui des pingouins. Ce genre de locomotion, que nous n'avons pas encore eu l'occasion d'étudier par la chronophotographie, rapproche, par les analogies fonctionnelles, les chéloniens et les oiseaux, déjà si voisins par leurs caractères morphologiques.

Les mouvements très lents de certains animaux aquatiques, faciles à étudier au moyen d'images successives, présentent également un grand intérêt. Rien n'est plus curieux que d'assister aux évolutions par lesquelles une *astérie* qu'on a retournée sur le dos travaille à se remettre sur le ventre. Elle y arrive par des merveilles d'équilibre. On la voit glisser peu à peu l'un de ses rayons sous son corps, tandis qu'elle en soulève deux autres, jusqu'à ce que son centre de gravité se trouve en dehors de sa base de sustentation. Alors, tout à coup, perdant l'équilibre, elle tombe sur sa face ventrale ; elle n'a plus ensuite qu'à étendre graduellement ses rayons pour être dans son attitude normale, et progresser sur le fond de l'aquarium par le mode de reptation qui lui est propre.

Ce mouvement de culbute est assez long à se produire, et exige de dix à vingt minutes d'ordinaire ; aussi doit-on, pour en rendre les phases saisissables, laisser environ une minute d'intervalle entre deux images successives.

Pour les très petits mouvements, qu'on doit étudier de près, il faut recourir à une disposition particulière. On forme, avec deux glaces lutées au mastic, un petit aquarium dont les dimensions soient égales à celle du champ que devra couvrir l'image, et l'on place l'animal (une crevette, par

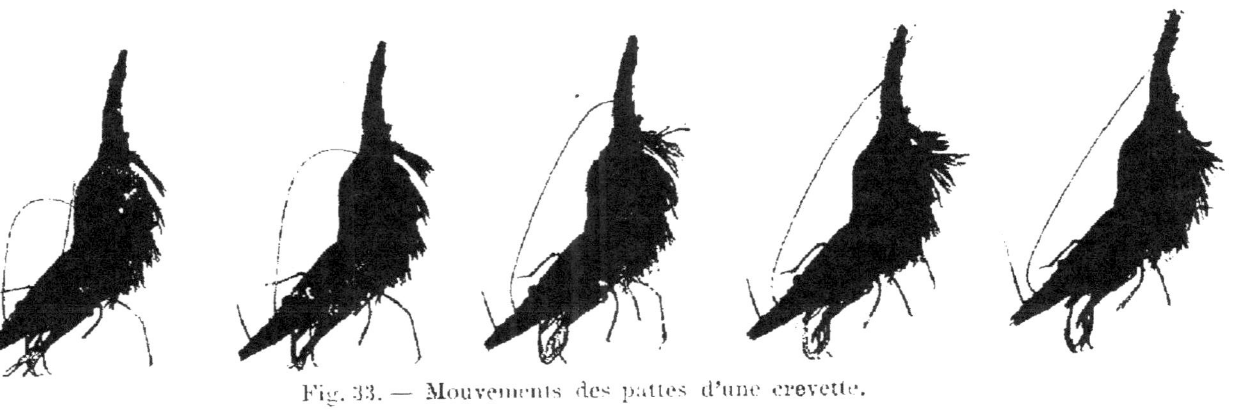

Fig. 33. — Mouvements des pattes d'une crevette.

exemple, fig. 33), dans cette petite caisse remplie d'eau de mer. En recueillant sur pellicule mobile les images successives qui se détachent en

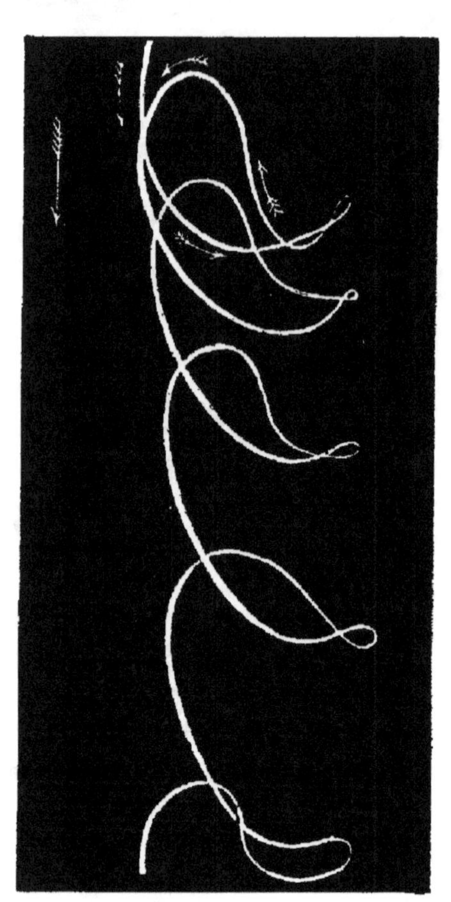

Fig. 34. — Trajectoire de l'extrémité de l'aile d'une corneille. Une paillette brillante attachée à la 2ᵉ rémige suivait le parcours indiqué par de petites flèches courbes. En bas de la figure une flèche droite et horizontale exprime la direction du vol.

silhouette sur un fond lumineux, on obtient la série des mouvements des membres; ceux, par exemple, qu'exécutent les pattes pour seconder la respiration. Nous décrirons plus loin une disposition analogue pour l'étude du vol des insectes.

IX. — LOCOMOTION AÉRIENNE

1° *Vol des oiseaux*. — Le mouvement des ailes de l'oiseau qui vole, bien plus rapide encore que celui des membres des quadrupèdes, échappe presque entièrement à l'observation. A peine l'œil entrevoit-il certaines attitudes qui durent un peu plus longtemps que les autres. C'est précisément ces phases du coup d'aile que les artistes représentent : en Europe, ils figurent généralement l'oiseau avec les ailes élevées; au Japon, suivant la juste observation de M. Muybridge, la phase d'abaissement des ailes est tout aussi fréquemment représentée. Mais les attitudes intermédiaires des ailes sont restées inconnues jusqu'à l'emploi de la chronophotographie qui en traduit exactement la succession.

Dans l'analyse des mouvements du vol, on doit, suivant le but qu'on se propose, recevoir les images, soit sur une plaque fixe, soit sur une bande pelliculaire animée de translation.

La première méthode se prête à l'inscription de la trajectoire de la pointe de l'aile d'un oiseau (fig. 34). Une corneille volait devant un fond obscur; elle portait, à l'extrémité de l'une des premières rémiges, une paillette métallique qui brillait au soleil. La trajectoire singulière décrite dans l'espace représente le mouvement assez compliqué résultant de la rotation de l'aile autour de l'articu-

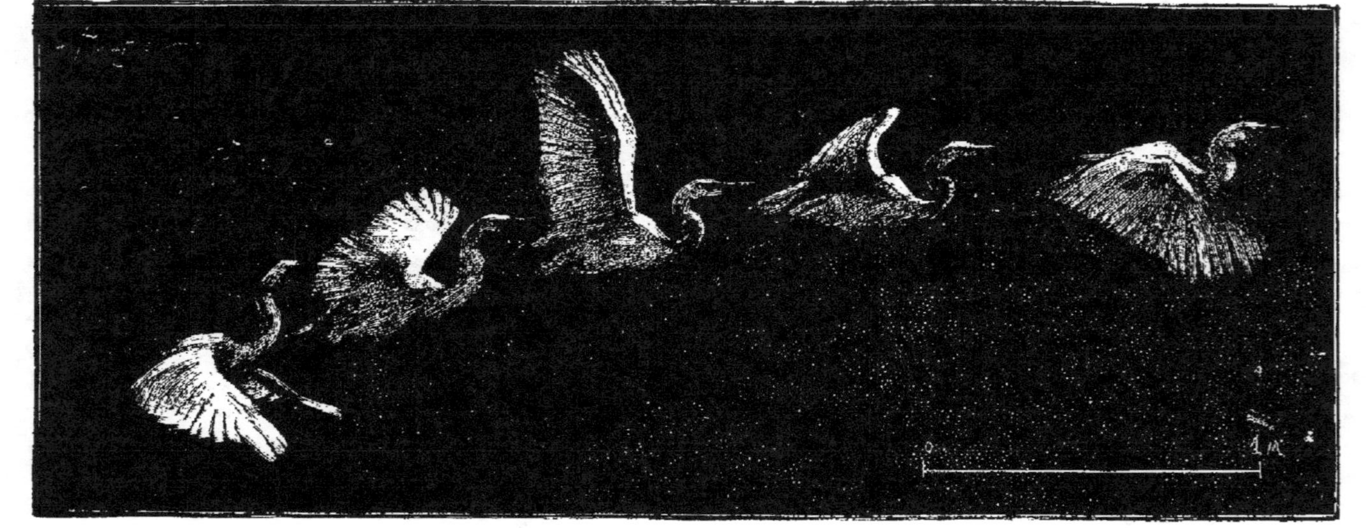

Fig. 35. — Vol d'un héron aigrette. Une échelle métrique, au bas de la figure, permet d'évaluer la vitesse de l'oiseau (5 images par seconde).

lation scapulo-humérale et des flexions et extensions des différents segments du membre.

Cette trajectoire a été obtenue avec ouverture permanente de l'objectif photographique; aussi est-elle continue. En produisant des admissions de lumière intermittentes on eût obtenu la même trajectoire sous forme de points successifs dont l'écartement, variable à chaque instant, eût exprimé les variations de la vitesse de l'aile aux différents instants de son parcours.

La même méthode s'applique encore à prendre une série d'images complètes d'un oiseau blanc qui vole devant un champ obscur, pourvu qu'on n'ait pas besoin d'un très grand nombre d'images en un temps donné. Avec cinq images par seconde, on a obtenu la fig. 35, montrant un héron qui vole à rames et dont les ailes se montrent alternativement dans leur position d'élévation et d'abaissement extrêmes. On voit nettement que l'aile, au moment de son élévation la plus grande, se trouve fortement portée en arrière; elle est au contraire très portée en avant dans sa phase d'abaissement.

On a photographié dans des conditions semblables le vol du canard (fig. 36). Ici le nombre des images est voisin de celui des coups d'ailes, de sorte que l'oiseau est représenté dans une série d'attitudes assez rapprochées les unes des autres. On observe d'abord l'abaissement complet des ailes, puis des degrés de moins en moins prononcés de cet abaissement, jusqu'à la dernière image qui le montre avec les ailes en élévation. L'ordre de succesion doit donc se lire de droite à gauche.

Pour rendre plus intelligibles les mouvements

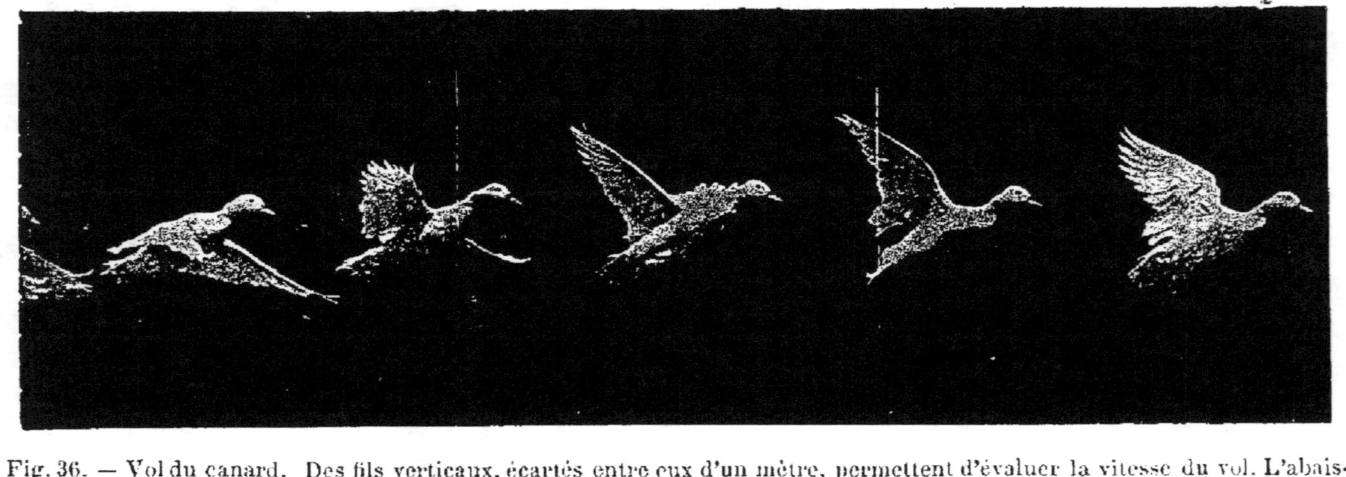

Fig. 36. — Vol du canard. Des fils verticaux, écartés entre eux d'un mètre, permettent d'évaluer la vitesse du vol. L'abaissement de l'aile se prononce de plus en plus dans les images suivies de droite à gauche. (5 images par seconde).

de l'aile d'un oiseau, il faut aussi pouvoir en prendre les images d'un lieu élevé, comme on l'a fait pour l'homme dans la figure 29. Un pigeon dont les chronophotographies ont été prises ainsi, d'en haut, a donné la figure 37 où, malgré la superposition partielle des images, on peut suivre les phases du coup d'aile, d'après les attitudes projetées sur un plan horizontal. On conçoit que la combinaison d'images d'un même oiseau, projetées sur trois plans perpendiculaires entre eux, donne des renseignements suffisants pour construire des figures en relief de cet oiseau; celles-ci renseignent entièrement sur ses attitudes successives aux différents instants du vol. C'est ce que nous avons fait et décrit dans un ouvrage spécial sur la physiologie du vol des oiseaux [1].

Si l'on trouvait insuffisant le nombre des images données par la chronophotographie sur plaque fixe, on recourrait à l'emploi de la pellicule animée de translation; cela permettrait de recueillir jusqu'à soixante images distinctes par seconde.

Ces études sur le mécanisme du vol des oiseaux, en dehors de l'intérêt qu'elles présentent au point de vue physiologique, conduiront à certaines applications pratiques. Elles montrent comment on pourrait construire des appareils capables de se transporter dans l'air. Or, on sait que, dans ces dernières années, on a déjà réussi à construire de petites machines qui battent des ailes et volent à la façon d'oiseaux, exécutant un parcours de 10 à 20 mètres.

---

[1] *Le Vol des oiseaux*. Paris, G. Masson, 1889.

Les oiseaux, d'autre part, ont un autre forme de vol appelé *vol plané*, dans lequel ils glissent sur l'air sans donner de coups d'ailes. Des appareils

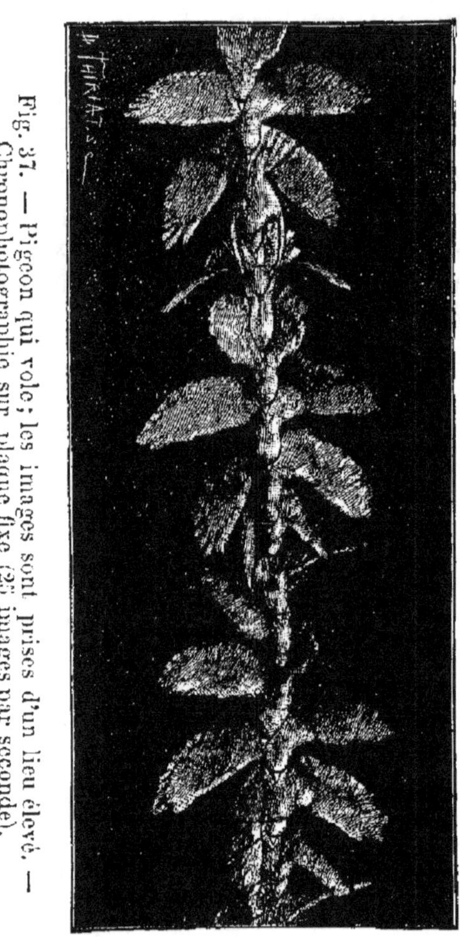

Fig. 37. — Pigeon qui vole ; les images sont prises d'un lieu élevé. — Chronophotographie sur plaque fixe (25 images par seconde).

nommés *aéroplanes* imitent ce glissement dans l'air et exécutent des planements d'un assez grande étendue.

Ces différentes sortes de machines, lorsqu'elles

évoluent dans l'air, sont aussi difficiles à observer que les oiseaux véritables ; il est donc très utile de recourir à la chronophotographie pour apprécier la façon dont s'exécutent, soit leurs battements d'ailes, soit leurs glissements sur l'air. La figure 38 représente un petit appareil planeur en carton qui tombe d'un lieu élevé et décrit des courbes alternativement concaves et convexes, sous les influences combinées de la pesanteur et de la résistance de l'air. Cette trajectoire, dont l'œil ne saurait suivre les inflexions ni les variations de vitesse,

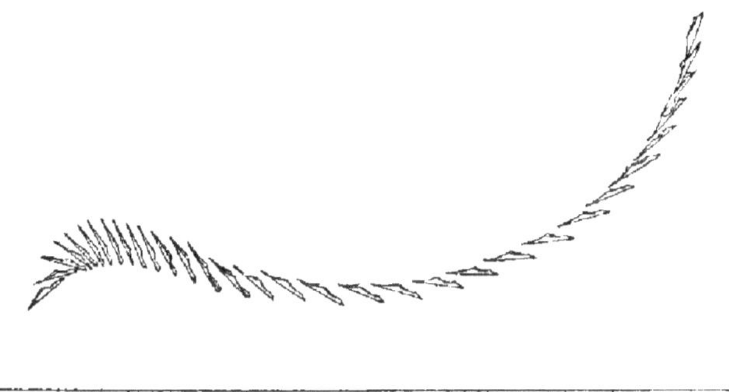

Fig. 38. — Reproduction schématique de la trajectoire chronophotographique d'un appareil planeur décrivant dans l'air une courbe sinueuse (20 images par seconde.)

est exprimée, dans tous ses détails, sur la figure ci-contre où les images sont prises à raison de 20 par seconde. L'écartement variable des images successives permet d'apprécier la vitesse du mobile et ses variations, ainsi que les inclinaisons diverses de l'axe de ce mobile sur sa trajectoire. Toutes ces inflexions s'expliquent assez bien aujourd'hui par les lois de la résistance de l'air contre les plans inclinés [1].

2° *Vol des insectes.* — Le vol des insectes diffère profondément de celui des oiseaux, au point de vue de son mécanisme. Nous croyons avoir démontré que ce vol présente de grandes analogies avec la fonction d'un propulseur que certains bateliers emploient et qu'on appelle la *godille*.

L'aile de l'insecte, dans son battement rapide, décrit en effet dans l'air la même trajectoire que la godille dans l'eau. L'action propulsive est, dans les deux cas, la même : celle d'un plan incliné qui se déplace dans un fluide ; l'effet en est comparable à celui de l'hélice [2].

Mais si le mécanisme du vol des insectes est aujourd'hui connu dans ses caractères essentiels, bien des détails manquaient encore, que l'observation était impuissante à saisir, car la fréquence des battements de l'aile des insectes est extrême. Nous avons pu constater par l'inscription directe que certains d'entre eux donnent jusqu'à 300 coups d'aile par seconde et ce n'est certainement pas la limite de fréquence de ces mouvements.

Malgré les difficultés du problème, on pouvait espérer que la chronophotographie arriverait à saisir les phases du coup d'aile d'un insecte ; mais il était probable qu'il faudrait encore diminuer le temps de pose, déjà réduit à 1/2000 de seconde dans les expériences sur le vol des oiseaux. Or, comme il était à craindre qu'avec des poses si

---

[1] Voir le *Vol des oiseaux*, p. 293 et suivantes.
[2] Voir Marey. *La Machine animale.*

courtes l'éclairage ne devint insuffisant, on devrait diriger sur l'insecte de la lumière extrêmement concentrée.

La figure 39 représente théoriquement la dispo-

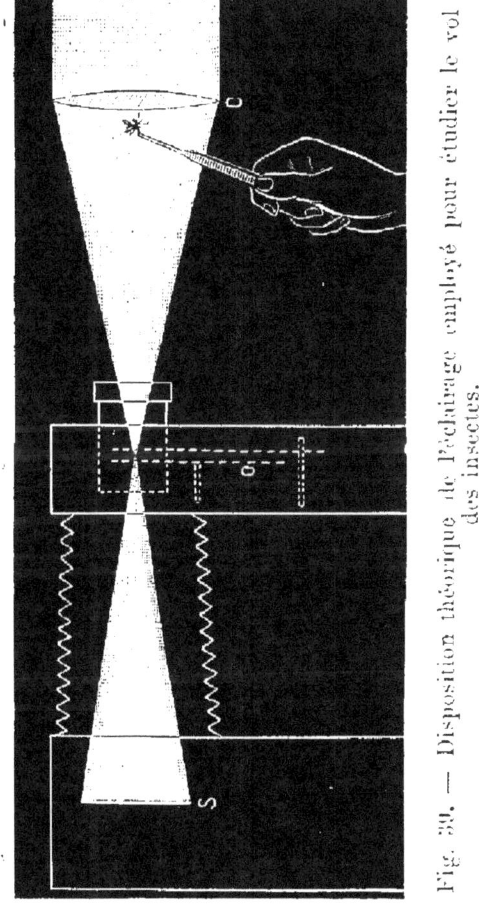

Fig. 39. — Disposition théorique de l'éclairage employé pour étudier le vol des insectes.

sition à laquelle nous avons eu recours. On y voit de droite à gauche : en premier lieu, le faisceau de lumière parallèle qu'un héliostat dirige suivant l'axe optique principal du photochronographe. Ce faisceau est concentré par une lentille C¹ derrière laquelle se voit l'insecte maintenu captif à l'extrémité d'une pince. Le faisceau concentré traverse la première lentille de l'objectif, et ses rayons convergent sur les disques obturateurs ; ils traversent ces disques au moment de la coïncidence des fenêtres et vont former sur la pellicule sensible un champ lumineux au milieu duquel se détache en silhouette l'image de l'insecte.

Le vol captif que l'on obtient avec ce mode de contention de l'insecte ne réussit pas pour toutes les espèces ; il permet, il est vrai, d'orienter à volonté l'animal et de saisir les attitudes de ses ailes sous différents aspects ; mais il donne lieu à des mouvements d'une amplitude et d'une rapidité exagérées.

Pour étudier le vol normal, on dispose, en avant de l'objectif, une boîte de carton fermée en avant par une glace qui vient toucher la lentille-condensateur. Introduit dans cette boîte, l'insecte va aussitôt voler contre la vitre qui a été mise préalablement au foyer de l'objectif. Du reste, on surveille la manière dont s'accomplit le vol et, au moment voulu, on presse le bouton qui met en marche la pellicule sensible. C'est ainsi qu'a été obtenue la figure 40.

Une grande brièveté des temps de pose était nécessaire pour obtenir des images nettes des ailes de l'insecte, à cause de l'extrême rapidité de leurs

---

¹ La longueur focale de cette lentille doit être au moins double de celle de l'objectif.

mouvements. Avec des fenêtres de 2 centimètres de largeur dont les coïncidences donnaient des éclairements de $\frac{1}{2000}$ de seconde, les images n'étaient pas nettes, du moins pour l'extrémité des ailes. Nous avons graduellement réduit le diamètre de ces fenêtres, en les remplaçant par des rideaux de métal percés de fentes étroites dirigées suivant les rayons du disque. Ces fenêtres, n'ayant que $1^{mm}5$ de largeur, leur coïncidence réduisit la durée de l'éclairement à 1/25000 de seconde.

L'insecte qui vole contre la vitre occupe, en profondeur, un espace assez grand ; il faut donc, pour que toutes les parties de son corps soient nettement représentées, que l'objectif ait une grande profondeur de foyer. Or, il arrive précisément que l'extrême étroitesse des fentes par lesquelles doit passer la lumière, au centre de l'objectif, constitue un excellent diaphragme qui donne au foyer plus de deux centimètres de profondeur [1].

X. — PHOTOGRAPHIE DES MOUVEMENTS DANS LE CHAMP DU MICROSCOPE

Les mouvements des êtres microscopiques sont particulièrement difficiles à suivre : leur rapidité est en général si grande que, dans bien des cas, les organes moteurs sont tout à fait invisibles. Aussi,

[1] Nous nous proposons de modifier les conditions de l'expérience et d'établir un système d'éclairage des insectes qui les rende lumineux devant un champ obscur. On se trouvera ainsi dans les conditions de la chronophotographie sur plaque fixe et l'on pourra suivre avec plus de précision les phases, si fugitives, d'un coup d'aile de l'insecte.

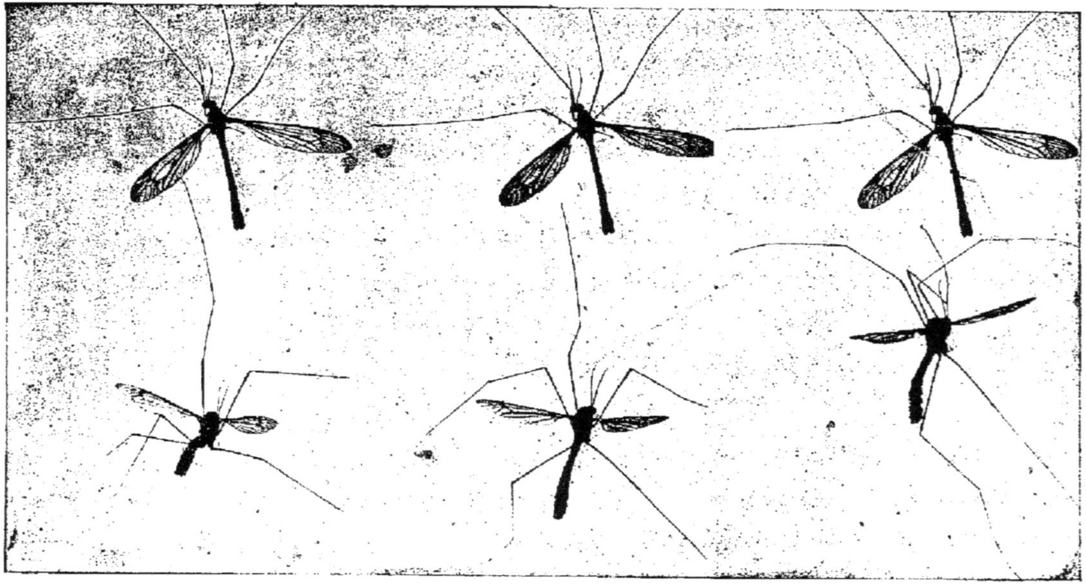

Fig. 10, montrant deux *tipules*, dont l'une est immobile et posée contre une vitre, pendant que l'autre vole au-dessous d'elle, en agitant ses pattes de diverses manières et en donnant à son corps des inclinaisons variées. Cette figure est un fragment d'une longue bande pelliculaire.

la translation de certaines infusoires a-t-elle quelque chose de mystérieux ; ce n'est qu'en tuant l'animal qu'on aperçoit nettement des cils vibratiles, ou des organes du même genre, que leur agitation rapide empêchait d'apercevoir.

Il se passe dans le champ du microscope une infinité de mouvements des plus curieux, mais dont l'analyse par la chronophotographie présentait quelques difficultés.

En premier lieu, l'agrandissement considérable des images entraîne une diminution proportionnelle de l'intensité de la lumière qui agit sur chaque point de la plaque photographique. D'autre part, pour obtenir des images nettes de mouvements très rapides, on doit donner aux temps de pose une extrême brièveté. Il fallait donc que l'objet à photographier fût soumis à un très puissant éclairage.

Mais l'action prolongée d'une lumière très concentrée, et surtout celle de la chaleur qui l'accompagne, altèrerait bien vite les petits êtres qui se meuvent dans la préparation microscopique. Pour éviter ce danger nous avons recouru à la disposition que voici :

La lumière, très concentrée, n'est projetée sur la préparation que d'une manière intermittente et pendant des temps très courts, généralement inférieurs à 1/1000 de seconde. Le chronophotographe se prête aisément à cette disposition : il suffit de placer l'objet à photographier en arrière des disques obturateurs ; ceux-ci ont dès lors pour fonction de couper le faisceau de lumière concentrée et de ne le laisser arriver sur la préparation que pendant les courts instants de la coïncidence des fenêtres.

La figure 41 montre, dans ses principaux détails, la pièce spéciale qui s'adapte au chronophotographe pour l'analyse des mouvements microscopiques. Une caisse de bois, ouverte à sa partie centrale, s'adapte à glissière sur l'avant-corps de notre appareil à la façon des boîtes à objectifs déjà décrites. Cette caisse porte, en avant, un objectif C qui ne sert qu'à condenser la lumière envoyée par un héliostat. Le foyer de ce condensateur vient se former sur la platine p à l'endroit même où sera placée la préparation. Pour la mise au point, on règle la position de la platine porte-objet, d'abord au moyen du bouton B qui commande une crémaillère, puis avec la longue tige $m\,v$ qui commande la vis micrométrique.

L'objectif microscopique O est braqué sur la préparation ; en arrière de cet objectif, les rayons qui portent l'image traversent une boîte cubique de métal, puis, se continuant à travers la caisse de bois dans le soufflet qui s'y adapte, arrivent enfin sur la glace dépolie de la *chambre aux images* [1].

Sur le côté de la caisse métallique, est obliquement implanté un tube de microscope avec son oculaire. Une disposition introduite par M. Nachet permet d'envoyer à volonté l'image, soit sur le verre dépoli, soit dans le microscope ; elle consiste dans l'emploi d'un prisme à réflexion totale que l'on met en mouvement au moyen du bouton P. En pressant sur le bouton, on avance le prisme et on rejette l'image de la préparation dans le micros-

---

[1] Voir ci-dessus la description de cette chambre p. 23.

cope ; en tirant sur le bouton, on éloigne le prisme et l'image va se former directement sur le verre dépoli ou sur la plaque sensible.

Comme il serait impossible de rechercher les points intéressants de la préparation lorsqu'on est placé à l'arrière de l'appareil pour regarder l'image sur le verre dépoli, cette recherche se fait en regardant par l'oculaire du microscope qu'une lentille de correction permet de régler de telle sorte que les images soient exactement au point dans le microscope et sur la plaque sensible.

Tout étant préparé pour les photographies sur pellicule en mouvement, on vérifie par l'oculaire du microscope si la mise au point est exacte, et si les mouvements se produisent à l'endroit voulu. On tire alors sur le bouton du prisme et l'on met l'appareil en marche [1].

La figure 42 montre, à un grossissement considérable, plusieurs Vorticelles attachées à des filaments de Conferves. Pendant la succession des dix images représentées sur la figure, plusieurs Vorticelles exécutent des mouvements ; leur style se rétracte et les tire obliquement en bas et à droite. Ce mouvement, trop brusque pour que l'œil puisse

---

[1] Pour pouvoir opérer sans le secours d'un aide qui tourne la manivelle du rouage, nous avons mis celui-ci en rapport avec un barillet à ressort et avec un volant régulateur. On embraye le volant, on remonte le barillet, et tout est prêt pour que l'appareil se mette en marche dès que le volant sera rendu libre. Lors donc qu'on a constaté, en regardant par le microscope, que la préparation est bien au point, on n'a plus qu'à tirer le bouton du prisme et à lâcher le volant pour que l'appareil se mette en marche et que les images se prennent.

le saisir, peut être suivi, dans ses phases, de la façon suivante :

Prenons pour points de repère les fibres de Con-

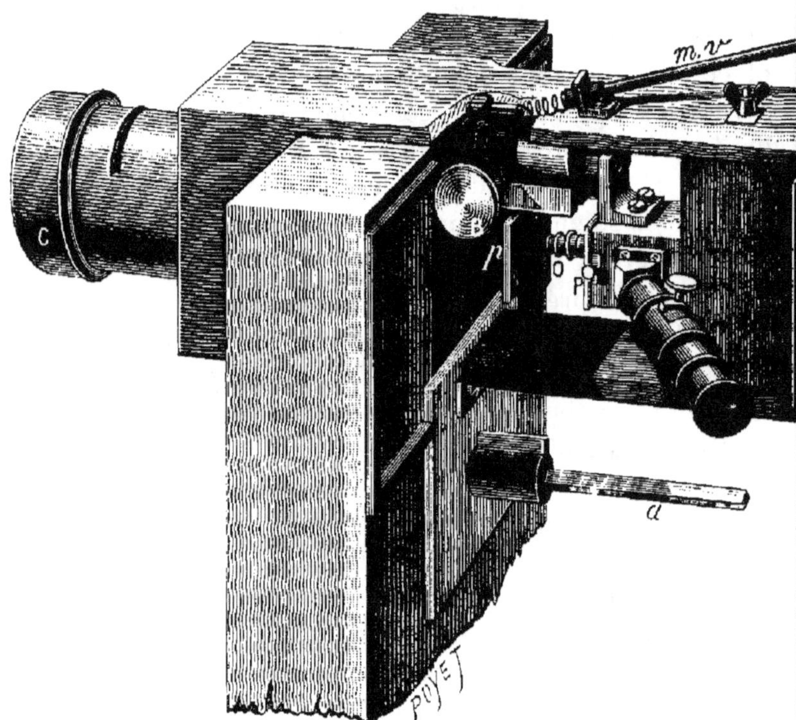

Fig. 41. — Pièce spéciale qui s'ajoute au chronophotographe pour étudier les mouvements des êtres microscopiques.

ferves qui s'entrecroisent sur la préparation ; nous voyons une fibre transversale croisée par trois fibres verticales et formant avec elles des compartiments à peu près rectangulaires. Dans le plus grand de ces compartiments se voient deux Vorticelles munies de leurs styles contournés en spirales. Ces deux Vorticelles se meuvent, car on peut constater que, de la première à la dernière image, elles s'approchent graduellement de la fibre trans versale et de l'angle inférieur droit du comparti- ment qui les renferme [1].

Cet exemple n'est peut-être pas un des plus in- téressants qu'on puisse choisir pour montrer les applications de la chronophotographie aux mou- vements des êtres microscopiques [2]. Mais nos expé- riences ne sont encore qu'à leur début, et nous nous proposons de les poursuivre. Nous espérons surprendre ainsi les mouvements des globules du sang dans les vaisseaux capillaires, les actes in- times de la contraction de la fibre des muscles et des ondes qui les parcourent ; enfin, les mouve- ments des cils vibratiles et, en général, des organes qui servent à la locomotion des infusoires, etc.

Nous ne doutons pas non plus qu'il ne soit pos- sible d'appliquer aux êtres microscopiques la chro- nophotographie sur plaque fixe, en se servant d'un éclairage oblique, du système imaginé par M. Na- chet, qui montre les objets lumineux sur fond obscur.

XI. — LA CHRONOPHOTOGRAPHIE APPLIQUÉE AUX SCIENCES PHYSIQUES

Pour terminer cette revue déjà longue des appli-

---

[1] Le procédé de gravure qui a servi à reproduire ces images ne se prête pas à rendre la pureté des détails que présentait la préparation et qui se retrouvait sur les clichés originaux.

[2] Nous avons également obtenu d'assez bonnes images du mouvement des globules du sang dans les vaisseaux capil- laires, et de la croissance des cristaux arborisés dans des so- lutions saturées.

cations de la chronophotographie, nous n'ajoute-
rons que quelques mots, destinés à montrer le
parti qu'on en peut tirer pour étudier le mouvement dans le monde inorganique. La Cinématique
et la Dynamique trouveront un auxiliaire puissant
dans l'emploi de notre méthode.

Les mémorables expériences de Galilée qui ont
déterminé les lois de la chute des corps peuvent
être considérées comme le point de départ de la
Mécanique scientifique. C'est en généralisant ces
lois, et en les appliquant à toutes les forces qui
agissent sur la matière, qu'on a créé la Dynamique.
Or, les mouvements si compliqués des masses sou-
mises à différentes forces, s'ils sont parfois difficiles à déterminer par le calcul, sont en général
très faciles à déterminer expérimentalement par
la chronophotographie.

Choisissons pour exemple l'expérience de
Galilée sur les lois du mouvement d'un corps qui
tombe sous l'action de la pesanteur. Il a fallu au
grand physicien de Florence un effort de génie
pour trouver le moyen de réduire la vitesse du
mouvement, à l'aide du plan incliné, sans en al-
térer les caractères, et pour en rendre saisissable
l'accélération uniforme. Ce même problème, traité
par la chronophotographie, peut se résoudre de la
façon la plus simple, sans aucun dispositif spécial.
On place une échelle au-devant du champ obscur
et l'on prend dans sa main une boule pesante
blanchie à la craie ; on laisse tomber cette boule
d'une certaine hauteur, tandis que l'appareil chronophotographique en reçoit les images sur plaque
fixe. Ne voit-on pas dans la fig. 43 la série des po-

sitions occupées par le mobile à chacun des instants successifs (à chaque 40ᵉ de seconde)? Et n'est-
il pas facile, au moyen, d'une échelle métrique, de

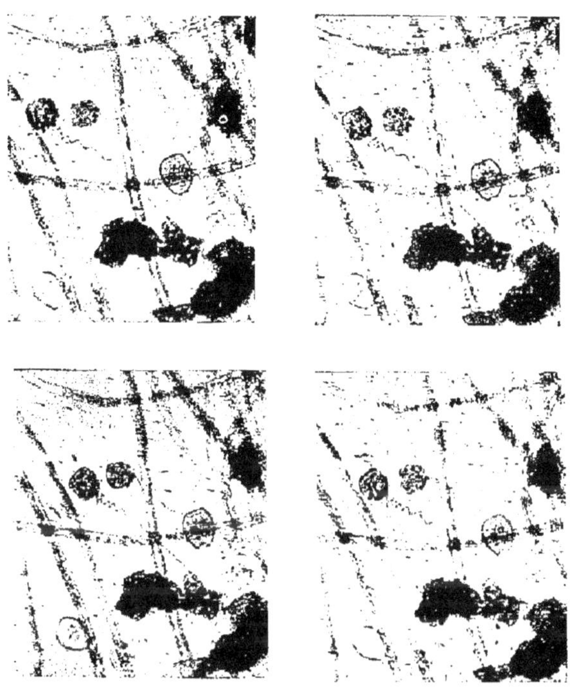

Fig. 42, montrant les mouvements de Vorticelles qui rétrac-
tent leur style en spirale. La succession des mouvements
se lit de gauche à droite et en commençant par les deux
images supérieures.

comparer entre eux les espaces parcourus dans
ces unités de temps successives?

L'expérience, il est vrai, a été réalisée dans des
conditions assez grossières [1], mais on pourrait
y introduire toute la précision désirable.

---

[1] Les intervalles de temps sont trop courts; on n'a pas
photographié la règle métrique dans le plan où se produit

La même méthode pourrait servir à déterminer les lois de la résistance de l'air agissant sur des mobiles de différentes formes et de différentes densités.

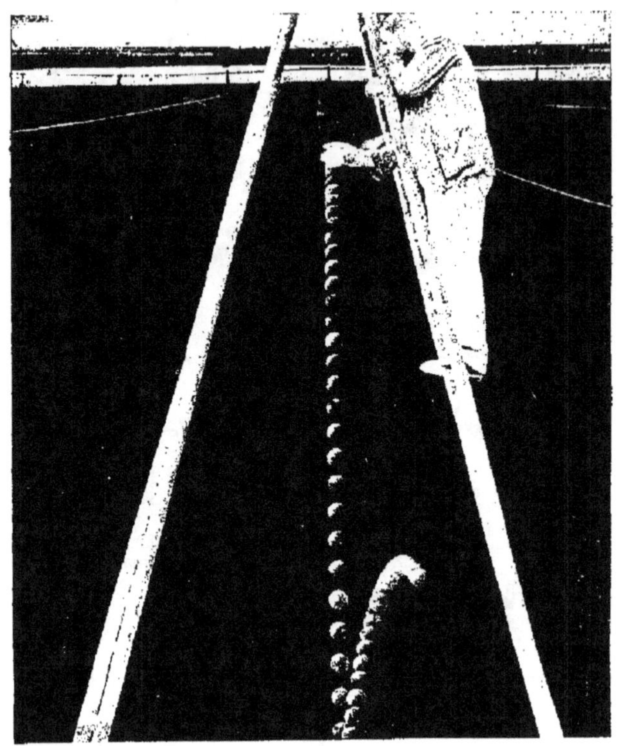

Fig. 43. — Phases du mouvement d'un corps qui tombe étudiées par la chronophotographie sur plaque fixe.

En général, tous les mouvements des corps soumis à différentes forces peuvent s'inscrire

la chute du mobile; l'ombre des barreaux de l'échelle se projette sur le mobile et en rend parfois la position indécise, etc.

d'eux-mêmes par la chronophotographie sur plaque fixe. Les phases de l'oscillation du pendule
simple, celles du pendule composé ; la trajectoire
d'un projectile unique, ou celle de projectiles de
masses différentes reliés entre eux ; la composition
des mouvements de rotation et de translation, etc. ;
tout cela se traduit sur les images dans sa forme
la plus expressive, celle d'une figure géométrique.

Il serait même possible, en recueillant par cette
méthode des images stéréoscopiques, d'exprimer
les caractères d'un mouvement qui se produit suivant les trois dimensions de l'espace.

En pratique, notre méthode offre de grands avantages pour contrôler la marche des machines et
pour s'assurer qu'elles ne présentent pas dans
leur fonctionnement quelque défaut qu'on n'a pas
su prévoir. Une des grandes préoccupations de
notre époque est la construction de machines vo-
lantes capables de se transporter dans l'air et de
s'y diriger. Dans les essais fort nombreux qui ont
été faits jusqu'ici, les appareils se sont souvent
mal comportés et se sont parfois brisés dans leur
chûte sans qu'on ait eu le temps de saisir le vice
de leur fonctionnement. Étudiées par la chronophotographie, ces machines eussent révélé tous
les détails de leurs mouvements et montré les
défauts qui ont occasionné la chute.

Rappelons à cet égard l'expérience sur la
translation du petit appareil planeur. On eût pu
s'attendre à ce que l'appareil décrivît dans l'air
une trajectoire plus simple. Les courbes ondu-
leuses qu'il a suivies, et dont une seulement se

voit sur la figure, montrent que, d'après la loi de
Joëssel, le centre de pression de l'air contre un plan
qui suit une trajectoire oblique se déplace en
raison de la vitesse et produit des changements
d'orientation du mobile qui se corrigent et se
reproduisent d'elles-mêmes d'une façon pério-
dique [1].

Il n'est pas jusqu'au domaine de la Géométrie
qui ne soit, à certains égards, accessible à la chronophotographie. On considère la plupart des
figures de la Géométrie dans l'espace comme en-
gendrées par le mouvement de lignes ou de
points qui se transportent en sens divers. Ainsi, un
cône est engendré par les mouvements d'une
droite qui décrit un cercle par l'une de ses extrémités, tandis que l'autre est fixée en un point
d'une perpendiculaire élevée au centre de ce
cercle. Cette genèse peut être réalisée d'une
manière concrète en photographiant sur plaque
fixe les images d'un fil blanc qui se meut devant
un fond noir suivant les conditions ci-dessus
indiqués. Des conoïdes sont engendrés par le
mouvement d'un fil qui se meut circulairement à
l'une de ses extrémités, tandis que l'autre se déplace en ligne droite. On obtient une cycloïde en
faisant rouler devant le champ obscur un cercle
noir qui porte un point lumineux, etc.

Pour toutes ces applications si variées, le chronophotographe n'exige aucune disposition spéciale, sauf parfois le changement d'objectif, lorsque
les dimensions de l'objet qu'on étudie et la dis-

---

[1] Voir le *Vol des Oiseaux*, p. 305.

tance à laquelle il se trouve rendent ce changement nécessaire.

En rapprochant, comme il est naturel de le
faire, la chronophotographie des autres formes de
la Méthode graphique, nous lui avons attribué une
supériorité sur ces dernières dans beaucoup de
cas. En effet, cette méthode est *plus simple*, chaque
fois qu'on peut recueillir sur une plaque fixe, et
par une opération toujours la même, la succession
des phases d'un phénomène. Elle est *plus puissante*,
puisqu'elle aborde des phénomènes d'une plus
grande complexité. Elle est *plus sûre*, car, à l'inverse des procédés mécaniques d'inscription des
mouvements, elle n'emprunte rien à la force dont
elle étudie les effets et n'en altère en rien les mani-
festatations. Enfin elle est *plus générale*, et nous
croyons avoir montré par des exemples assez nombreux qu'elle s'applique également aux sciences
physiques et aux sciences naturelles.

E.-J. Marey,
de l'Académie des Sciences

Paris. — Imprimerie F. Levé, 17, rue Cassette.